女性が35歳までに決めたい お金からみた人生の選択

成功するライフプランのつくり方

神田理絵
ファイナンシャル・プランナー

さくら舎

目　次

プロローグ──迷うのは当たり前！
　　　　　　女性の生き方が多様化している

第1章　いまの働き方でいいのかな？
　　　　～お金からみた「仕事」

第2章　人生のパートナーって必要？
　　　　～お金からみた「結婚」

第3章　子どもはいたほうがいいのかな？
　　　　～お金からみた「子ども」

第4章　マイホームはあったほうがいい？
　　　　～お金からみた「住まい」

第5章　生涯おひとりさまってどうなの？
　　　　～お金からみた「シングル」

第6章　先のことはわからない！
　　　　いま取り組むべきことは？

あとがき

プロローグ──迷うのは当たり前！
　　　　　　　女性の生き方が多様化している

自由だから悩んでしまう女性たち　10

なぜ女性の35歳が重要なの？　13

あなたは流される人生？　それとも自分で選ぶ人生？　16

ＣＯＬＵＭＮ　他人にみせられない。妄想あふれるライフプ
　　　　　　　ランのススメ

第1章　いまの働き方でいいのかな？
　　　　　〜お金からみた「仕事」

女性にとってどの働き方が一番いい？　24

正社員の魅力は「生涯賃金」と「社会保険」のツートップ　27

それぞれの働き方のメリット・デメリット　29

一番リスクが高いのは専業主婦になること　38

出産で女性が働き方を変えるとどれだけ損？　43

女性に向いている職種は？　実は「営業」がねらい目　46

転職したい！　その場合のタイミングや方法は？　48

転職するなら何歳までにするのがいいの？　51

ＣＯＬＵＭＮ　正社員だって安心できない！　キャリアを磨
　　　　　　　き続けることが大事

第2章　人生のパートナーって必要？
〜お金からみた「結婚」

結婚のメリット・デメリットはナニ？　58

結婚したい！　婚活ってどうするの？　62

結婚費用の全国平均は400万円以上　65

ご祝儀や親からの援助もアリ！　自己負担は100万円　67

新居の家具・家電などの費用は70万円が目安　69

その他結婚関連のアドバイス　72

仕事と家庭の両立は「タイムマネジメント」にあり　74

夫の実家との付き合い方は？　絶妙な間合いがほしい　79

結婚後の「死亡保険」「医療保険」の考え方　82

ＣＯＬＵＭＮ　結婚するなら年収の高さより、家事力の高い
　　　　　　　男子！

第3章　子どもはいたほうがいいのかな？
〜お金からみた「子ども」

6割の女性が子どもを欲しがっているのに、少子化が止まらないのはなぜ？　90

子どものいない人生の魅力とリスクとは？　92

子どものいる人生の魅力とリスクとは？　94

妊娠を意識しはじめたら、生活上気をつけること　97

欲しい時にできるとは限らない。不妊治療のお値段は？　101

妊娠・出産にかかる費用、実はそんなにかからない　105

妊娠・出産関連の「医療費控除」で税金を取り戻す　108

「子ども・子育て支援新制度」ってナニ?　110

保育園に入りたい。「認定区分」ってナニ?　113

保育料は「地域・年齢・所得」によって変わってくる　116

保育園に入園できる条件とは?　119

教育費は大学まですべて公立（国立）でも1,000万円!　120

子どもが18歳になるまでに400万円貯めるには?　123

塾費用も高い。足りないときは奨学金を　124

ＣＯＬＵＭＮ　育児でビジネススキルがアップする?

第4章　マイホームはあったほうがいい?
〜お金からみた「住まい」

マイホームをもつメリット・デメリットは?　130

どこでどんな家に住むのがいいの?　133

そろそろマイホームと思ったら気をつけること3つ　136

住宅ローンを組むときに気をつけること3つ　143

リーズナブルな「中古住宅」という選択肢もアリ　148

ＣＯＬＵＭＮ　人生の3大資金をちょっとずつ予算カットの
　　　　　　　ススメ

第5章　生涯おひとりさまってどうなの？
〜お金からみた「シングル」

シングルという生き方、それは自由？　それとも孤独？　154

シングルのまま実家暮らしをするリスク　157

マンションを買う場合のメリット・デメリット　159

３大不安「健康・お金・孤独」はどうする？　162

ひとりの老後が不安ならこれだけ貯めよう　165

ＣＯＬＵＭＮ　人生は思い通りにはいかない！　それでも計
画を立てる理由

第6章　先のことはわからない！
いま取り組むべきことは？

お金を増やす方法は３つしかない　172

稼ぐ力をアップさせる！「教育訓練給付制度」を使う　174

節約はグループ分けして「固定費」から切り込む　178

「先取り貯蓄のシステム化」でしっかり貯める　185

リスクをとって資産運用にチャレンジ　188

「お金に愛される女子」の考え方を知る　190

ＣＯＬＵＭＮ　ゴールはお金を貯めることではなく、幸せに
生きること

あとがき　195

女性が35歳までに決めたい
お金からみた人生の選択

成功するライフプランのつくり方

プロローグ

迷うのは当たり前！
女性の生き方が多様化している

自由だから悩んでしまう女性たち

もう30年近く前の話です。私が進路に悩んでいた高校生のころ、父に「4年制大学ではなく短大に行け」と言われました。

理由はカンタン。当時は大学より短大に行く女性のほうが多く、一流企業へ就職するのに有利だったから。

父の理想としては、数年働いて社内結婚、寿退社で専業主婦になること。「それが女性にとって一番の幸せ」という、いまでは考えられない昭和的価値感がありました。

結局、私は父の言うことを聞かずに4年制大学へ進学、海外に関わる仕事がしたいと商社に入り、父の理想からどんどんはずれていきました。

いま思い返してみると、私は当時の父の考え、ひいては社会の風潮に（無意識に）反発していたような気がします。なんだか「上から押し付けられる女の幸せコース」に居心地の悪さを感じていました。

そしていま、女性の大学等進学率は5割を超えていて、2人に1人が大学へ行く時代です。

首相が「女性の活用」をくり返し唱え、女性管理職の割合を数値目標にするほど、女性の労働力が必要とされています。あわせて「子どもも産んで！ 仕事と家庭を両立し

て！」と、母親になることも求められています。

「女性が家にいることを勧めてきたくせに、いきなりもっと働いて、もっと産んで、と頼ってきて本当に都合がいい」と思わないでもないのですが……。

それでもポジティブに考えれば、これは女性の生き方の幅が広がったということ。選択肢が増えるということはそれだけ自由になるということでもあり、単純にうれしいことですよね。

進学も就職も以前ほど（あくまで過去と比べてですが）差別的な扱いはなく、いままで男性が多かった職業、たとえばタクシーの運転手や消防士、校長先生になる女性も増えてきました。

結婚に対しても、未婚の女性が25歳を過ぎると「売れ残りのクリスマスケーキ」と陰口をたたかれたのは過去のこと。「結婚はあくまで本人の決めること、必ずしもしなければいけないものではない」という風潮になり、「まだ結婚しないの？」と聞く上司はセクハラで訴えられる時代となりました。

それなのにあなたは「こんなに自由な時代に生まれてラッキー！」と思うよりも「えっ？　私が自由？」と戸惑うかもしれませんね。毎日目の前の仕事で忙しく、自分の将来がみえずになんとなく不安……、と思っていたりしないでしょうか。

プロローグ　迷うのは当たり前！　女性の生き方が多様化している

そう、選択肢が広がれば広がるほど、自由になればなるほど、迷い、悩んでしまうのが人間なのです。選択するということは何かを選び取り、他の選択肢を捨てること、すると今度は「本当にこれでよいのか」と新しい悩みがでてきます。

　「後悔したくないから」「結局どれがいいかわからないから」と、考えること自体を止めてしまうこともあります。でもそれは、選択肢のない生き方を強制されている外国の女性からすると、ゼイタクな悩みにしかみえないでしょう。

　結婚したほうがいいのか、子どもは産んだほうがいいのか、仕事はいまのままでいいのか、マイホームは買ったほうがいいのか、人生で起きる様々なライフイベントを決めて、自分だけのライフプランを描くのはあなた自身です。

　そしてそのサポートができるように「お金の面からみた情報提供」をし、「知らなかったと後で後悔することを減らす」のが本書の役目です。

＊押さえておきたいキーワード＊
「ライフイベント」と「ライフプラン」
ライフイベントとは人生で起きる生活上の大きな出来事のこと。就職、結婚、出産、転職、住宅購入、子どもの入学などを指す。
そしてそのイベントを具体的に「いつごろ」「いくらかかるか」で考え、長期の計画をたてるのがライフプラン。日本語にすると「人生設計」。

なぜ女性の35歳が重要なの？

　タイトルにある「35歳」という年齢が、なぜ女性にとって重要なのかを説明します。

　「35歳までに」の意味は、「だいたい30代半ば」というイメージでとらえてもらえればと思います。本人が望もうが望むまいが、30代前半と後半では状況が変わってきます。だから人生の節目として、この年齢を意識したほうがいいと思うのです。
　もちろん個人差はありますので、そこは個々の事情でプラスマイナス2〜3歳で考えてくださいね。

　では、なぜ「35歳」という年齢が人生の節目になるのでしょうか？　私は次の4つだと思っています。

① 　妊娠しにくくなっていく
② 　転職しにくくなっていく
③ 　気力体力が落ちてくる
④ 　このあたりまでをひとつの目途にすると、「成功するライフプラン」が立てられる

　まず①の「妊娠しにくくなっていく」ですが、女性の卵子の数は生まれたときから決まっています。そして年齢とともにその数は減っていきます。卵子の質も30代後半か

ら低下していき、流産する確率も高くなっていきます（詳しくは第3章にて）。

つまり子どもが欲しいなら、30代前半までに出産できるような環境に身をおきたいということ。世の中が変わり「結婚適齢期」はなくなりましたが、「出産適齢期」はいまでも存在しているのです。

②の「転職しにくくなっていく」とはどういうことでしょうか？

かつて転職市場では「35歳限界説」がありました。若いうちは転職できるけれど、35歳以降になると求人が少なくなって転職できなくなる、というもの。しかし最近は景気動向で求人が増え、転職市場が変化して必ずしもそうとは言えません。

それでも、会社が20代の人と30代後半の人に求めるものは違うということは覚えておきましょう。

年を重ねれば重ねるほど専門性やスキルの高さが求められ、30代後半では管理職の経験も期待されます。「経験もスキルもありませんが、一生懸命がんばります！」だけでは通用しなくなってくるのです。

求められる条件がより厳しくなり、「転職したいかどうか」ではなく「転職できるかどうか」という話になっていきます（詳しくは第1章にて）。

そして③の「気力体力が落ちてくる」です。

文部科学省が毎年行っている「体力・運動能力調査結果」を見ると、女性の体力・運動能力は10〜20代をピークに緩やかな下降線を描いています。30代後半で特にガクッと落ちることはありません。

けれど女性は30代半ばから女性ホルモンの分泌量が減っていき、早い人は更年期に似た症状が出てきます。つまり「女のカラダの転機」がやってくるということ。

そしてこの体の衰えと比例して「気力」もなくなっていきます。心身ともに負担のかかる面倒なことを避け、生ぬるい現状に居心地の良さを感じます。もっとストレートに言うと「色々めんどくさく」なってくるのです。

結婚や出産、転職などの大きなライフイベントは、それまでの生活がガラッと変わるため、現状維持を突破するパワーが必要になります。そうすると、気力体力が充実している30代前半までにしたほうが、色々とスムーズに事態が進むのではないでしょうか。

これらのことから、35歳はライフプラン上でより意識したい年齢になるのです。

次ページより、④の「このあたりまでをひとつの目途にすると、『成功するライフプラン』が立てられる」について、説明していきます。

あなたは流される人生？
それとも自分で選ぶ人生？

　30代後半から妊娠や転職がしにくくなり、気力体力が落ちていく、こういったネガティブな話を聞くと、「女の人生は30代前半でおしまいなんだ」とブルーな気持ちになるかもしれませんね。けれど、決してそういうことではないのです。

　人間は何事も「締切」があったほうがよいのです。その日を目標に、面倒だと思っているアクションを起こしやすくなります。もし「締切」がなければ、「いつか」「そのうち」と思っているだけで、刻々と時間だけが過ぎていくでしょう。

　たとえば夏休みの宿題。8月終わりになってから急いで取りかかることはありませんでしたか？　夜遅くまで宿題と格闘しながら「来年は早めに終わらせよう」と誓いつつ、結局翌年も同じ結果になったりしませんでしたか？
　仕事の場合でも同じです。プレゼン資料の作成やレポートを提出する日がだいぶ先であっても、結局、前日に必死で取り組んでなんとか間に合わせた、なんてことはありませんか？

　多くの人は締切間近にならなければ、おしりに火がつかないものです。

16

だからこそ「35歳がライフプラン上のひとつの締切になる。何かを選択、決断、行動を起こすには35歳までにしたほうがいい」と考えてみてはいかがでしょうか。ネガティブになりがちな話もポジティブに変わっていきます。

「35歳から妊娠しにくくなる」のであれば、それまでにパートナーをみつければいいのです。

たとえば33歳から本格的に婚活を始め、めでたく34歳で結婚。1年かけて家庭も仕事も出産OKな環境に整え、35歳で出産する。

そう都合よく夢のようには叶いませんが、最短で考えるとこういうスケジュールを組むことができます。

となると、いまあなたがやるべきことは、残業をさっさと切り上げ、婚活イベントに出かけること……かもしれません。

ぼんやりとした将来の不安を抱えながら、日々なんとなく受け身で生きるより、「今日からこうしよう」「あれを始めてみよう」と主体的に考えて動くほうが健康的です。

将来自分の人生を振り返ったときに「あの時に動いていれば、一歩踏み出していれば」という後悔を減らすことができます。

はい、本書を手に取ってくださったあなたは、ズバリ「変化」を求めているのでしょう。自分を奮い立たせるそのキッカケが欲しいのです。

本書で紹介する色々な情報から、「ああ、そんな考え方があるのか、方法があるのか」という気づきをいっぱい得てほしいですね。

　ぜひその中から、自分に合う選択肢を選び取り、組み合わせ、ときには軌道修正し、オンリーワンの楽しい人生を送ってもらいたいと思います。

　そのことが、「成功するライフプランを立てられた」と言えるのです。

★私のライフプランMEMO★　記入日20　　年　　月　　日

3年後の自分はどうしている？　　　　　　　　　　　　　歳

5年後の自分はどうしている？　　　　　　　　　　　　　歳

10年後の自分はどうしている？　　　　　　　　　　　　歳

20年後の自分はどうしている？　　　　　　　　　　　　歳

おばあちゃんになっている自分はどうしている？

COLUMN

他人にみせられない。妄想あふれるライフプランのススメ

みなさんは自分のライフプラン（人生設計）を考えたことがありますか？

生命保険文化センターによると、ライフプランを立てている30代女性の割合は34.7%、6割強の女性がライフプランを立てていないことになります。

その主な理由は「経済的余裕がないから」「将来の見通しを立て難いから」。

たしかに、いまパートナーのいない人に「出産はいつ？」と聞いても、「その前に結婚するかわからない」と答えるでしょうし、いまの生活で手一杯な人に「マイホームは？」と質問しても「お金が貯まってから考える」としか答えられないかもしれません。これだけ先が見えない世の中ですから、当たり前といえば当たり前の話です。

でも、実は反対なのです。見通しが立てられない人こそ、ライフプランが必要です。

ライフプランといっても「28歳で転職をし、転職先でステキな出会いがあり、31歳で結婚する」とか「30歳で今の彼と結婚をし、共働きでお金を貯めてから35歳までに子どもを産む」とか「35歳までにマネージャーになり、37歳ま

でに都内でマンションを買い、45歳までには起業する」というように、とにかく自由に、自分に都合よく、そして簡単なメモ程度のプランでよいのです。

　実現できるかどうかではなく、どうなりたいか、どうしたいか、という希望の話です。

　現実的なことはとりあえず横に置き、3年後、5年後、10年後の自分を考え、ワクワクするような楽しい妄想をかきたてましょう。仕事、結婚、子ども、マイホームなどのライフイベントをどうするか、いつ頃何をどうしたいのか、これが変化への第一歩となります。

　「いつか」「そのうち」と思っているうちは、夢は夢でしかありません。行動を起こすには締切を意識することでしたが、これにダメ押しのライフプランです。

　脳科学では「ToDoリスト」を書くと脳が課題を意識して、無意識に問題解決を図る働きがあるそうです（デフォルト・モード・ネットワーク）。

　ライフプランにもそれと同じ効果があると考えましょう。叶えたい夢や希望を書き、脳がそれを意識することで、自然とそうなるような行動を普段から起こすようになります。それから具体的、現実的な軌道修正をしていっても遅くはありません。

　ちょっと他人にはみせられない妄想あふれるライフプラン、あなたの人生を変える最初の一歩になるかもしれませんよ。

第 **1** 章

いまの働き方でいいのかな？
～お金からみた「仕事」

正社員、派遣・契約社員、パート・アルバイト、
フリーランスなど、働き方の選択肢はいくつもあります。
女性は、結婚や出産などのライフイベントを機に、
働き方を見直す必要に迫られることもあるでしょう。
自分のライフスタイルに合った働き方を考えてみましょう！

女性にとってどの働き方が一番いい？

　あなたは毎日楽しく働いていますか？　そして、いまの働き方に満足していますか？

　「正社員なので安定しているけれど、忙しいわりにお給料が少ないのが悩み」

　「派遣社員だけれど、正社員の人とそれほど手取りも変わらず、楽しくやっている」

　「いまはアルバイトで好きなことをしている。けれど将来のことを考えると少し不安」

　など、色々な意見がでてくることでしょう。

　１日の大半を占める仕事は、あなたの生き方や考え方に大きな影響を与えています。お金を稼ぐ手段としてだけでなく、「どう働くか」はよく考えなければいけない大事なこと。

　女性を悩ませているのが、男性より働き方が多様化して選択肢が多いことです。

　私や私の友人たちは、若い頃は都内で正社員として働き、結婚したら自宅の近くでパートタイマーとして働いていました。女性はどうしても結婚や出産で働く時間に制限ができるため、それに合わせて変わらざるをえなかったのです。

　統計によると、働く女性のうち正社員の割合は43.3％で、半分以上の女性は派遣やパートなど正社員でない働き

方をしています（総務省「労働力調査」2014年より）。

いま、正社員や派遣社員として働くあなたも、将来は結婚や出産、夫の転勤などがきっかけで、働き方を変える日がくるかもしれません。

一時的に専業主婦となり、子どもが大きくなってから再就職することもあるでしょう。「まだ結婚の予定はないけれど、いまのうちに仕事と家庭の両立がしやすい会社に行きたい」と正社員から正社員へ転職する方法もあります。

また、社会の変化とともに働き方もどんどん変わっています。少子高齢化と労働力不足の波を受け、定年は70歳くらいまで延びるかもしれません。正社員と非正規社員の割合も、男女を合わせるといまは正社員のほうが多いのですが、逆転する日も近いでしょう。正社員になれたとしても、年収が年齢と比例しなくなり、会社の状況によってはボーナスや退職金も出なくなるかもしれません。

「働く」といっても、これだけ多くの変化が予想できます。

ちなみに私は、大学を卒業後、正社員として働き、結婚後は時間の融通がきく派遣社員として働きました。子どもが生まれてから2年ほど専業主婦を経験、その後、税理士事務所などでパートタイマーとして働きました。それからファイナンシャル・プランナーの資格を取り、独立開業して今に至ります。特に希望したわけではありませんが、ひ

第1章
〜お金からみた「仕事」
いまの働き方でいいのかな？

ととおり色々な働き方を経験しました。

「どの働き方が一番良かった？」と聞かれたら、どれも
いいところと悪いところがあり、迷ってしまいます。それ
に「自分で選んできた」というより、その時のライフスタ
イルに合う働き方をしてきただけで、言ってみれば偶然の
積み重ねです。

「時間」という点で考えると、正社員より派遣社員、パ
ートそしてフリーランスと、どんどん融通がきくようにな
りました。けれど「お金（お給料）」という点で考えると、
自由な時間が増えるたびにぐんぐん下がっていき、なんと
も悲しい気分になりました。

特にフリーで独立したばかりの頃は年収30万円ほど。
月に３万円も稼げていません。夫のお給料で生活はできま
したが、やはり収入が少ないとモチベーションが下がりま
す。夫には毎日遊んでいるようにみられ、ストレスもたま
りました。確実に安定して稼げる正社員を目指せばよかっ
たと後悔したものです。

シンプルに時間とお金だけで働き方を考えると、次のよ
うになります。「時間」を優先するか「お金」を優先する
か、さあ、あなたはどちらを優先したいですか？

	正社員	正社員以外
自由になる時間	少ない	多い
自由になるお金	多い	少ない

正社員の魅力は「生涯賃金」と「社会保険」のツートップ

　正社員の魅力はなんと言ってもお給料の高さと社会保障の手厚さ。経済的余裕や生活の安定を重視する人は正社員という働き方が一番いいでしょう。

「生涯賃金」という言葉を聞いたことはありますか？
　これは就職してから退職するまでの間にもらうお給料とボーナスの合計のこと（一般的に退職金は除く）。これが働き方によって変わり、一番多いのは正社員なのです。
　ざっくり言うと、生涯賃金は正社員が約2億円、派遣・契約社員が約1億円、パート・アルバイトが約5,000万円です。派遣・契約社員は正社員の半分、パート・アルバイトは正社員の4分の1しかありません。

女性の生涯賃金

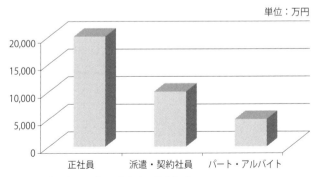

※総務省、内閣府のレポートを参考に筆者作成

なぜ正社員が約2億も稼げるかというと、ボーナスや給与のアップ（昇給）があるから。正社員以外にはどちらもありませんし、あったとしても少ないでしょう。長い年月をかけると、億単位で差が出てしまうのです。

そして正社員のもうひとつの魅力が社会保障。
「健康保険」とか「年金保険」など、国の社会保険制度に自動加入することです。

お給料から「健康保険料」や「厚生年金保険料」などが天引きされていますよね？
普段あまり意識していないかもしれませんが、これは病気やケガで働けなくなったとき、または65歳になったときにお金がもらえる制度のこと。健康保険、年金保険、雇用保険そして40歳からは介護保険の保険料も払うことになります。
働き方によって加入する社会保険の種類が変わり、カバーされる範囲やもらえる金額が違ってきます。

雇用形態による社会保険の主な違い

	正社員	派遣・契約社員	パート・アルバイト
病気ケガなどの医療	健康保険	健康保険	国民健康保険
老後受け取る年金	厚生年金国民年金	厚生年金国民年金	国民年金

※派遣・契約社員は契約期間など一定基準を満たした場合に加入
※公務員の場合は厚生年金ではなく共済年金になる

たとえば老後に受け取る年金は、パート・アルバイトの人は国民年金だけなので、年78万100円（平成27年度満額の場合）、月額にすると6万5008円になります。これが正社員になると国民年金と厚生年金のダブルでもらえるのです。

現在、ダブルでもらっている女性の年金額はだいたい150万円〜250万円の間。仮に150万円だとすると月額12.5万円になり、パート・アルバイトの倍になります。

とはいえ、天引きされる社会保険料が高すぎると不満な人もいるかもしれませんね。でも実は、社会保険料の半分は会社が負担していて、自分で払っているのは残りの半分だけなのです。それなのに、社会保険からいざもらえるお金（年金や給付金）は、全部自分のものになります。

国民健康保険や国民年金に加入している自営業の人は、それらの保険料を全額自己負担しているので、その点でも正社員が有利です。

それぞれの働き方のメリット・デメリット

正社員はたしかに安定していて魅力だけれど「ボーナスがなくてもいいから、もっとプライベートの時間がほしい」など、お金だけでは判断できないことがあります。

そこで働き方によって、どんなメリット・デメリットがあるかを整理してみました。

第1章
〜お金からみた「仕事」
いまの働き方でいいのかな？

① 安定感はバツグン？ 正社員の場合

　生涯賃金や社会保険以外の正社員のメリットといえば、雇用の安定や充実した福利厚生制度でしょう。

　派遣・契約社員、パート・アルバイトのように期間満了や会社の都合で辞めさせられる不安は原則ありません。社会的な信用も高いので、住宅ローンを組むことができたり、ランクの高いクレジットカードを持つこともできます。年金等の社会保障が充実しているのは、先ほど説明したとおりです。

　他の働き方に対し、安定感はバツグンです。

　会社の保養所を使って旅行に行ったり、研修制度を利用してスキルアップをはかったり、社内のおトクな制度（財形貯蓄や社内持株会、職場の団体保険など）を利用できたりします。ただし、中小企業等では、こういった制度がない場合もあります。

　デメリットは何かというと「個人の自由が制限されている」こと。

　希望する会社に入れたとしても、自分のやりたい仕事をできるとは限りません。残業の多さや望まない異動・転勤も受け入れなければいけません。

　また、会社の人間関係が深く長いので、気の合わない上司や同僚ともつき合わなければいけないことです。

　そして、そこまで色々ガマンしても、会社の都合であっさりリストラ……という厳しい現実もあります。

正社員の高いお給料と社会的安定の裏には「それなりに拘束され、個人の希望や自由は制限される」そんな不便さがあります。

正社員のメリット・デメリット

メリット	デメリット
生涯賃金が多い	拘束時間が比較的長い
年金等社会保障が充実している	仕事の責任が重い
雇用が安定している	望まない異動や転勤がある
福利厚生制度が使える	リストラされることもある
社会的信用が高い	社内の人間関係に気を使う

② ワークライフバランス実現？ 派遣社員の場合

「正社員のような働き方はイヤだけれど、パート・アルバイトよりも安定しているほうがいい」「好きな仕事を選べて、キャリアを磨きながらそれなりに稼ぎたい」といった人に向いているのが、派遣・契約社員といった働き方です。

ちなみに派遣社員と契約社員の違いは、働いている会社と直接雇用関係にあるかどうかです。

派遣社員は派遣会社と雇用契約を結び、働く会社に出向きます。一方、契約社員は働いている会社と直接雇用契約を結びます。これ以降は女性に多い派遣社員を念頭にメリット・デメリットの説明をしますね。

派遣社員最大のメリットは「正社員より働き方の自由度が高いこと」です。

職種や勤務地、時給など、ある程度働き方を選べます。「新宿の会社で経理か財務の仕事をしたい」「必ず定時で帰れるアパレル会社で働きたい」「ＳＥの経験が積めて時給は○○円以上がいい」など、自分の希望に合った働き方を叶えやすいのです。

　派遣会社の研修制度を利用してスキルアップもできますし、労働時間など一定の条件を満たしていれば社会保険にも加入できます。生涯賃金や将来の年金額は正社員に及びませんが、パート・アルバイトよりも高く、特別な専門知識やスキルをもっていれば正社員より稼げることもあります。

　働いている会社と一線を画す立場なので、社内のいざこざに巻き込まれにくく、フラットな人間関係を好む人には向いているでしょう。

　デメリットは半年や１年など期間が決められ、雇用が不安定なことです。

　2015年９月には派遣法が改正され、派遣期間は最長３年が原則となりました。そもそも会社は人員調整がしやすく、経費を抑えるために正社員ではなく派遣社員を雇っているので、これは仕方のないことかもしれません。

　そしてボーナスや退職金もなく、交通費も自己負担のことが多いので、思ったほど手元にお金が残らないかもしれません。責任ある仕事も任されにくく、キャリアを磨くには不十分な環境にあります。年齢が高くなると紹介される仕事が減ることもあり、「こんなはずではなかった」と思

う日がくるかもしれませんね。

　ワークライフバランスの実現はしやすいけれど、雇用の不安定さにガッカリする日がくるかもしれない、そんな覚悟が必要です。

　現在派遣社員として働き、いつか正社員になりたいと思っている人は、「紹介予定派遣」などの制度を利用してみるといいでしょう。

＊押さえておきたいキーワード＊

紹介予定派遣

派遣期間終了後に正社員や契約社員など直接雇用を前提に紹介している派遣スタイルのこと。最大6ヶ月間、平均3ヶ月程度で設定されていることが多い。自分に合う仕事か職場かを見極めてから正社員になれるので、納得のいく転職活動が実現できる。会社のほうでも人柄や普段の勤務態度を見ることができるため、採用のミスマッチを減らすことができる。

派遣社員のメリット・デメリット

メリット	デメリット
時間を比較的コントロールできる	正社員より雇用が不安定
やりたい仕事ができる	責任ある仕事を任せてもらえない
勤務地や時給などが選べる	ボーナス・退職金がない
派遣会社の研修制度を利用できる	交通費は自己負担が多い
パート・アルバイトより生涯賃金が高い	年金額は正社員の8割程度

第1章
いまの働き方でいいのかな？
〜お金からみた「仕事」

③　自由な時間を満喫？　パート・アルバイトの場合

　「仕事以外の時間を充実させたい」「どうしてもチャレンジしたいことがある」など、プライベートな時間を確保でき、未経験の仕事でも就きやすいのがパート・アルバイトという働き方です。仕事に就くまでのハードルが低く、派遣・契約社員よりさらに自由な働き方です。

　最近はどこも人材不足で、パート・アルバイトを募集している業界も多く、時給も上がって職種も選びやすくなってきました。また、正社員や派遣・契約社員の人が、パート・アルバイトを副業として「自宅近くで」「夜間だけ」「週末のみ」と限定して働くこともできます（副業禁止の会社もあるので事前に確認を）。
　募集条件に合う人が履歴書を持参し、採用されれば次の日から働ける場合もあります。「都合が悪くなったので今月で辞めたい」なんてことも比較的言いやすく、働きやすく辞めやすい流動性の高さが魅力です。
　仕事の経験を問わないケースも多く、あこがれの業界やお仕事に関わることができるでしょう。

　一方デメリットは、派遣・契約社員よりも生涯賃金が低く、雇用がさらに不安定なこと。
　仕事は比較的単純作業が多いので、派遣・契約社員の半分から7割程度の時給になります。キャリアを磨けないので時給アップは望みにくく、それどころか年齢が上がると職種も狭まり、時給も低くなることがあります。
　また、立場が弱いので、会社が人員を減らしたい時には

真っ先に声をかけられるでしょう。

　社会保障も不十分です。労働時間が一定以上あれば勤め先の社会保険（健康保険や厚生年金）に入ることもできますが、それができなければ国民健康保険、国民年金に「自己負担で」入らなければいけません。少ない収入の中から社会保険料を払うと、ますます手取りが減ってしまいます。

　正直なところ「パート・アルバイトだけで自分のライフプランを作る」のはムリな話。実家に住んでいて家賃がかからないとか、パートナーの収入で生活できるなど、他の人に守られている、扶養されている立場でない限り難しいものです。

　正社員または派遣・契約社員からパート・アルバイトという働き方に変えるときは、いまだけではなく、将来のこともよくよく考えてからにしたいですね。決してその時の感情だけに流されないようにしましょう。

パート・アルバイトのメリット・デメリット

メリット	デメリット
時間をコントロールできる	雇用が不安定
やりたい仕事ができる	単純作業が多くキャリアが積めない
勤務地や時給などが選べる	ボーナス・退職金がない
働きやすく辞めやすい	生涯賃金が少ない
わずらわしい人間関係を避けられる	年金額は正社員の5〜6割程度

④　夢を叶えられる？　フリーランスの場合

　①正社員、②派遣・契約社員、③パート・アルバイトという３つの働き方をみてきましたが、これらはすべて雇用されている人の話です。

　最後の④フリーランスは、誰かに雇われているわけではなく、自分で独立して仕事をしている人のこと。たとえ１人きりでも社長であり、世の中では自営業者とか個人事業主（法人でない場合）などと呼ばれています。

　メリットはもちろん、パート・アルバイトよりもさらに自由な立場であること。好きな時間に好きなところで好きな仕事をします。朝早く満員電車で窮屈な思いをしたり、残業続きでプライベートが犠牲になったり、社内の人間関係やしがらみで悩んだり、そんなストレスとも無縁です。

　仕事が上手くいけば前職より大きな収入を得られるでしょう。定年がないので健康な限り働いて収入を得ることができます。経費や控除をしっかり計算し、できるだけ所得を低くすることで、支払う税金を節約することもできます。

　なによりフリーランスは「好きなことで稼ぐ」という、多くの女性が夢みていることを叶えられるのです。

　ところが現実は、そう簡単にはいきません。

　厚生労働省の調査によると、女性は男性よりもフリーランスになる「起業実現率」は高いものの、途中で辞めてしまう「廃業率」が男性の２倍。

　辞めた理由をみると、就業経験の不十分さ、経営知識・

ノウハウの不足、家事育児の負担、などがあります。

とりあえず始めてみたものの、現実の厳しさに途中で挫折してしまう、そんな女性が多いのかもしれません。

そして最大のデメリットは、収入の保障がないこと。

収入があったり、なかったり、特に独立したばかりのときはなんとも不安定でしょう。「好きなことをしているからかまわない。そのうちいつか」と思うかもしれませんね。

けれど安定的に収入を得られるようにならなければ、「仕事」とは言えません。ビジネスはやる気だけでは続かないものです。

赤字でもしばらくやっていけるような資金を起業前に準備しておくこと。苦しくても頑張りきれる健康な心と体、そして「徹底した仕事への情熱と覚悟」も欲しいところです。

第1章
～お金からみた「仕事」
いまの働き方でいいのかな？

フリーランスのメリット・デメリット

メリット	デメリット
時間をコントロールできる	収入の保障がない
やりたい仕事ができる	ボーナス・退職金がない
大きな収入を得られる 可能性がある	営業から雑務まで 全て自分でやる必要がある
定年がない	ケガや病気をした時に 代わりがいない
わずらわしい人間関係を 避けられる	年金額は正社員の 3～5割程度

一番リスクが高いのは
専業主婦になること

　4つの働き方をみて「フリーランスが一番大変そう。これだけは選ぶまい」と思った人も多いのではないでしょうか。たしかにフリーランスは収入も不安定で社会保険も自己負担、安定とは無縁の働き方です。けれど自分の力で自分の人生を切り開く力強さがあります。

　それより、いまの時代に一番リスクが高い生き方は「結婚して専業主婦になる」という選択だと私は思っています。つまり家事や育児が生活のメインとなり、対外的に稼いではいないという選択。共働き世帯が主流のいま、専業主婦は少数派になりましたね。

　ところが、いまの若い女性には専業主婦希望者が多いそうです。「自由でラクそう」と思っている女性がいるならば、なぜ専業主婦はリスクが高いのかを説明しましょう。
　その理由は次の3つです。

① 　男性の所得が減少している
② 　離婚率が高くなっている
③ 　キャリアの分断が不利になる

　以下、それぞれについて説明していきます。

① 男性の所得が減少している

「夫が生活費を稼ぎ、妻が家庭をしっかり守る」高度成長期といわれた昔の日本では、この男女の分業体制がうまく機能していました。しかしこれは、夫のお給料が年々上がり、雇用も定年まで保障されていることが前提。

つまり分業体制のメリットが、デメリット（世帯に収入源がひとつしかない、妻のキャリアが磨けない）をありあまるほどカバーできたのです。

ところがここ最近まで、「失われた20年」といわれるほど経済が停滞、一流企業でもリストラや倒産するところがでてきました。

それと比例するように、男性の平均給与（年収）も1997年をピークに減少、ここ15年で1割以上下がっています（次ページの図参照）。

ちなみに平均給与とは、日本で1年間支払われたお給料の総額を正規・非正規を問わず、給与所得者の数で割った数字です。その年の日本男性の平均年収とイメージしてください。

お給料の源泉となっているのは日本の経済力（GDP）です。これが安定的に伸びない限り、平均給与（年収）が復活することはないでしょう。つまり一部の高所得の男性を除き、その他大勢の男性は、自分ひとりだけのお給料で妻と子どもを養う余裕がないのです。

第1章

〜お金からみた「仕事」

いまの働き方でいいのかな？

平均給与（男性の場合）の推移

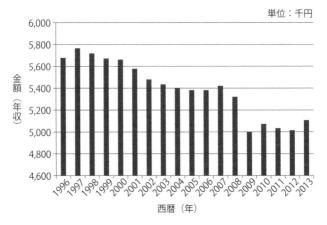

※国税庁「民間給与実態統計調査」より筆者作成

　いまは夫婦で家計を支えるのが当たり前の時代です。収入源も2つあったほうがお互い心強いもの。
　年収800万円の男性をみつけて人生を任せるより、共働きで世帯収入800万円にするほうが、手っ取り早く、かつ堅実な生き方なのです。

② 離婚率が高くなっている
　たとえお給料の高い男性と結婚できたとしても、その愛が途切れて離婚すれば、そこで専業主婦生活も終わりです。一生添い遂げられるかどうか、そこが問題です。
　現代の離婚事情はどうなっているのでしょうか。

　残念ながら、離婚は年々増え続け、右肩上がりの状況で

す。現在は1960年に比べて2.5倍も多く、離婚が「めずらしいこと」ではなくなってきました。

離婚が増えた原因のひとつに女性の経済力があります。女性が自分で稼ぐようになったため、結婚の不満や苦労を必要以上にガマンしなくなったといわれています。すると経済力が高そうな東京都は離婚率（人口千人あたりの年間離婚率）も高いのではないかと思われるかもしれませんね。

ところが総務省の「人口動態調査」の2014年のデータをみると、東京都の離婚率は全国9位。一番高いのが沖縄県、次が宮崎、大阪、青森、福岡、和歌山、高知、鹿児島の順番になっています。離婚率の高まりは全国的傾向なのです。

もし離婚という状況になったとき、あなたの稼ぐ力はどのくらい残っているでしょうか？　すぐに再就職できる知識やスキルがあるでしょうか？　それとも再婚することに全力を注ぎますか？

その後の生き方の選択肢が狭まることになり、夫に依存する経済的リスクはけっこう高いのです。

③　キャリアの分断が不利になる

たとえ離婚しなくても、夫の給料が大幅にカットされたり、会社が傾いて突然リストラされることもあるかもしれません。「自分も働かなくては」と思ったとき、あなたはすぐ再就職できるでしょうか？

また、どうせ再就職するなら自分の希望に合うところ、少しでも労働条件の良いところで働きたい、と思いますよね。

　こういうとき看護師や薬剤師、保育士などの専門的な資格をもっていると立場が強いでしょう。資格が必要な職種（しかも人材が不足している場合）は採用されやすく、お給料もそれなりに高く、先方はこちらのムリな希望も聞いてくれるかもしれません。

　なるべく稼ぎたいと思ったら、方法は２つしかないのです。それは労働単価を上げるか、労働時間を長くするか。資格や特技のある人は希少性があって労働単価が高いため、仕事のブランクがあっても、それほど不利な立場にはなりません。

　一方、特にそういったものがなく、専業主婦の期間（キャリアが分断された期間）が長いと、労働市場ではかなり弱い立場になります。ブランクが長ければ長くなるほど、ビジネス感覚は失われ、パソコン操作ひとつにしても「このソフトは使ったことがない」「バージョンが変わっていてわからない」と戸惑うことも多いでしょう。

　会社側も「長い期間働いていない人」には印象が悪いものです。「主婦感覚が抜けていないのではないか？」「知識やスキルが古いのではないか？」などと不安を感じ、なかなか採用に踏み切れません。

細々とでも仕事をやり続けていた人、実績や経験をきちんとアピールできる人のほうが、再就職には強いのです。

出産で女性が働き方を変えるとどれだけ損？

女性が出産のために会社を辞めてしまうと、どれだけ経済的に損をするでしょうか？

平成17年版の内閣府国民生活白書で、次のモデルケース別に計算されています（2016年現在で発表されている資料としては最新版）。

① 正社員で就業を継続、定年まで働き続けた場合
② 育児休業を2回取得して働き続けた場合
③ 出産退職後、第二子が6歳のときに正社員として再就職した場合
④ 出産退職後、第二子が6歳のときにパート・アルバイトとして再就職した場合
※ 大卒の女性が28歳で第一子を出産、31歳で第二子を出産すると仮定。
　育児休業は1年間取得、その間雇用保険より給与の4割を支給される。
　退職する場合は28歳で退職、第二子出生後満6歳となった37歳で再就職と仮定。

第1章
〜お金からみた「仕事」
いまの働き方でいいのかな？

機会費用の推計結果

単位：万円、％

		大卒平均
正社員で就業を継続した場合	給　与	25,377
	退職金	2,269
	合　計	**27,645**
育児休業を取得して働き続けた場合	給　与	23,503
	退職金	2,234
	合　計	**25,737**
	逸失率	6.9%
出産退職後、第二子が６歳で再就職した場合	給　与	16,703
	退職金	1,006
	合　計	**17,709**
	逸失率	35.9%
出産退職後、第二子が６歳でパート・アルバイトとして再就職した場合	給　与	4,827
	退職金	86
	合　計	**4,913**
	逸失率	82.2%

　ずっと働き続けた場合、生涯所得（給与と退職金の合計）は約2.8億円で、これが最大になります。

　一方、１年間の育児休業を２回使って働き続けた場合は2.6億円です。最大との差は約2,000万円になります。産休・育休を２回使っただけで2,000万円損するのです。

　そして出産時に退職した場合はどうなるかというと、２つのパターンがあります。下の子が６歳のときに正社員として再就職した場合と、パート・アルバイトで再就職した

場合です。

　正社員として再就職した場合は1.8億円で、最大との差は1億円に広がりました。28〜37歳を専業主婦で過ごした場合、たった9年間で1億円を失ってしまうのです。
　さらに差が大きいのは、パート・アルバイトで再就職した場合です。生涯所得は約5,000万円で、最大との差は2.3億円に広がりました。

　つまり、出産時に会社を辞めてしまうと最低でも1億円の「稼げるはずのお金」をフイにしてしまうということ。さらに正社員ではなく、パート・アルバイトで就職した場合は、2億円以上もフイにしてしまうのです。
　家庭中心の働き方に変えると、失う金額はこんなにも大きいのです。

　1億、2億と変わってくるので、「えっ！ そんなに？」と驚く人も多いのではないでしょうか。
　ここまで差がつく理由は「昇給」と「ボーナス」と「退職金」の3点セット。この3つは正社員にはありますが、パート・アルバイトという働き方にはありません。これが積もり積もって、生涯という長いスパンでみると億単位の差を生んでしまうのです。

　ただしこれらは「いままでの場合」であることにも注意が必要です。比較的景気が良く、終身雇用と年功序列が健在だった頃の働き方の数字ですね。

これからは正社員でも収入が不安定だったり、ボーナスや退職金がでなかったりすることも考えられます。あくまで過去の目安として考えるといいでしょう。

それでも、出産によって専業主婦になり、その生活が長くなると、再就職する際に勤め先がみつかりづらく選択肢が狭まってしまうのは事実です。雇用形態はどんな形でも働き続けること、スキルを磨き続けることが大事です。

ライフスタイルに合わせ柔軟な働き方をしていくことが、今後さらに必要になってくるのではないでしょうか。

女性に向いている職種は？ 実は「営業」がねらい目

長く働くためには、自分に合った職種で働きたいもの。職種と言っても、営業、企画、サービス、販売、事務、クリエイティブ、エンジニアなど様々なものがあります。

女性に向いている職種とは、いったいどのようなものでしょうか？

女性は男性より「受容性」と「協調性」が高いと言われています。周りの話に丁寧に耳を傾け、肯定したり受け入れたり、男性が見落としがちな細かい部分にも気を配ることができます。

そしてそれが、コミュニケーション能力の高さにもつながっています。

46

自分では気づかない「当たり前」のことが、実は大きな強みになっているかもしれないのです。

女性にはそういった特性があるので、基本的に「対人サービス業」に向いています。「営業」や「販売」では、お客様の要望・希望をきちんと摑み、それに応えるサービスや商品を提供できます。これらはどの業界でも必ずある職種ですよね。

細かいところに目が行き届くという点では、製造業の検査や伝票の数字のチェックなど、几帳面さが求められる管理や経理の事務系職種にも向いています。

コミュニケーション能力の高さは、子どもや高齢者、病人と接する職場、つまり保育園や幼稚園、介護施設、病院などでも役立つことでしょう。

もしあなたが正社員を目指すなら、「営業」がねらい目かもしれません。

その理由は求人数が多く、未経験でも採用されやすく、不景気でも需要があるからです。営業スキルは他業界にも通用しやすく、いったん身につけば転職する際の選択肢や可能性を広げます。

営業は勤務時間に融通がきく点も魅力です。販売相手に合わせて仕事をするので、事務系のように何時から何時まで社内にいなければいけないということがありません。「勤務時間」ではなく「実績、数字」で評価される職種なのです。

第1章
〜お金からみた「仕事」
いまの働き方でいいのかな？

つまり数字さえ出していれば、自分で時間のマネジメントができ、家庭との両立もしやすいということ。

とはいえ、新規開拓のノルマなど大変そうなイメージがありますよね。「営業」と聞くだけで腰が引け、躊躇してしまう女性も多いのではないでしょうか。職種を変える際には「数字のノルマはあるのか、どのぐらい厳しく求められるのか」などを最低限確認しておきたいものです。

コツを摑む最初の苦労を乗り越えられれば、ワークライフバランスが実現しやすく、あなたのキャリアを広げてくれるかもしれませんよ。

転職したい！ その場合の タイミングや方法は？

転職はあなたの望む働き方やライフスタイルを実現するひとつの手段です。

総務省の統計データ「労働力調査」（平成26年平均速報）をみると、女性の転職者比率の平均は5.6％。24歳までが12.7％、25 〜 34歳までが7.6％となっていて、年齢が若いほど転職者が多くなっています。

一般的に年齢が高くなると求人数は少なくなり、やる気よりも経験や実績が重視され、良くも悪くも働き方が固定化されてきます。つまり、若いときにあった選択肢が自然に狭まってくるのです。そういう現実を考えると、働き方を変えたい人はなるべく早く行動に移すべき。

まずは情報収集から始めましょう。転職活動はいま勤めている会社には内緒でやるものなので、「やっぱり転職しない。いまの会社で頑張ろう」という結論に達しても、全く問題ありません。

【情報収集の主な方法】

では、情報収集はどうしたらいいのでしょうか？

主な方法は次の３つです。

① 求人情報誌、転職サイトを見る

いま、どんな会社でどんな職種が募集されているのか、求人情報誌や転職サイトで手軽に調べることができます。

業界、職種、地域などで分類されているため、希望に合う仕事をみつけやすいのがメリット。サイトでは希望条件で検索することができ、そのままエントリーすることもできます。

また、現在の転職トレンドや面接ノウハウ、実際に転職した人の体験談などのデータやコラムもあり、転職活動の参考になります。

② 人材紹介会社に登録する

転職したい人と求人を出している会社を結びつけるのが人材紹介会社です。登録するとコンサルタントが相談にのり、希望に合った会社を紹介してくれます。

職務経歴書の書き方や面接対策などのアドバイスも受けられ、ときには公開されていない求人を紹介してもらえることもあります。基本的にすべて無料で利用でき、紹介さ

れた会社に納得いかなければ断ることもできます。

③　転職イベントに行ってみる

　人材を募集している会社がブースを設け、仕事内容などを面談形式で説明してくれるイベントです。転職希望者は自由に各ブースを回ることができ、採用担当者や先輩社員から職場環境、社風など、リアルな情報を得ることができます。

　一度にいろいろな会社と接触することができ、その会社の人と直接話せるのがメリット。気になる業界の企業研究としても利用できます。ブースで 直接選考が行われるわけではないので、気軽に情報収集するといいでしょう。

【転職の流れ】

　一般的に転職は、次の流れで決まります。それぞれのポイントを押さえ、納得のいく活動をしてくださいね。

ＳＴＥＰ１　自己分析

　まずは「何がしたいのか」「何ができるのか」を考え、自分を知ることから始めます。その他、働きたい場所やお給料の水準など希望条件を整理しておきます。

ＳＴＥＰ２　書類作成

　応募する会社に合わせて「履歴書」や「職務経歴書」を作成します。転職者に求められるのは即戦力とスキル。いままでの経験をふまえ、やりたい仕事を書面でアピールします。

ＳＴＥＰ３　応募と面接

　郵送かＷＥＢで応募します。郵送書類には必ずカバーレターをつけ、ＷＥＢ応募の場合は空欄や入力ミスがないかもう一度チェック。書類選考に通ったら面接になるので、面接官の意図を汲んで的確な受け答えができるよう練習しておきます。

ＳＴＥＰ４　内定

　面接後、内定の連絡を受けたら雇用契約条件を書面でキチンと確認、それから了承の意思を伝えます。複数の内定をもらえたら、第１希望以外のところはすぐに辞退の電話をします。後日改めて書面でお詫びをするといいでしょう。

ＳＴＥＰ５　退職

　まずは直属の上司に退職の意思を伝えます。最低１ヶ月は退職準備の期間をもち、後任の人が困らないように引き継ぎを行います。会社から受け取るもの、返却するものの漏れがないよう気をつけましょう。

転職するなら 何歳までにするのがいいの？

　プロローグで「35歳限界説」を紹介しました。30代前半までの若いうちでないと、なかなか転職できないというものです。
　若いほうが体力も柔軟性もありますし、新しい環境にも

なじみやすいでしょう。転職者が年上で上司が年下になってしまったら、お互い気まずくなるかもしれません。ポテンシャルや伸びしろのある若い人が好まれるのは、ある意味仕方がないことです。

転職するなら35歳まで、という説は、いまでもひとつの目安になるでしょう。

ところが現在の転職市場では「即戦力」も重視されるようになりました。転職成功者の4人に1人が35歳以上となり、若くなければ転職できないというわけではないのです。その業界や会社ですぐ役立つ経験やスキルのあることが前提ですが、ある程度年齢を気にせず転職できるようになってきたのです。

つまり「やる気や伸びしろ」をアピールする転職なら35歳くらいまでに、「経験や即戦力」を武器にできる転職なら35歳以降でも大丈夫だということ。

ただこれは男女共通の話で、私が女性に勧める転職年齢は35歳より前、もし可能なら27〜29歳くらいがいいのではないかと思っています。

それは、キャリアとライフプランの両面からの理由です。

キャリアから考えると、大学を卒業して就職し、5年たてば27歳。社会人として5年働いた経験があれば、一般常識や教養、ビジネススキルやマナーなど、それなりのレベルになっているはず。

履歴書にきちんと書ける実績もあるでしょうし、面接では説得力のあるアピールができるようになります。

「伸びしろ」も「即戦力」もある程度備えているので、27 〜 29歳は転職市場でも有利な立場になります。

そしてライフプラン。出産を30歳前後と考えているなら、その前の27 〜 29歳が良いタイミングです。新しい職場で新しい実績や人脈を作るのに１〜３年は必要なため、逆算するとそうなります。産休や育休、時短勤務などで周りの人に影響が出ることを考えると、その前にしっかり自分の居場所を確保しておきたいところ。

もし出産を35歳前後と考えるなら、32 〜 34歳くらいまでに転職したい、ということですね。

子どもが産まれると、長時間の残業が難しくなり、いつ子どもが熱を出すかわからず、仕事に100％集中できなくなります。だからあなたが「出産をいつ頃と考えているか」で、転職に向く時期がみえてくるのです。

第１章

〜お金からみた「仕事」

いまの働き方でいいのかな？

53

COLUMN

正社員だって安心できない！
キャリアを磨き続けることが大事

　「やっぱり正社員が一番楽そう。仕事は面白くないけどこのままでいいかな」と考えている人に、ちょっと厳しい話をします。

　「早期退職優遇制度」という言葉を聞いたことがありますか？

　従業員に自分から希望して退職を促す制度で、最近多くの会社で実施されています。「早期退職者募集、対象者○歳以上、○○人、退職日○月○日、退職金に特別加算金上乗せの優遇措置、希望者には再就職支援会社を紹介」など。新聞でもよくみかける単語になりました。

　ストレートに言ってしまえば、希望制のリストラなのです。

　昔は業績が悪化した会社が人件費をカットするために行われていました。けれどいまは、黒字の会社でもみられるようになったのです。縮小する国内市場から海外市場に軸足を移すため、会社が儲かっているうちに不採算事業を整理するためなど、理由は様々。そしてその際にターゲットとされるのが35歳以上の中高年社員です。

　「でも希望制だから手を挙げなければ大丈夫でしょ？」と思うかもしれませんね。たしかにその通りです。

しかし早期退職を行うような会社は色々と余裕がないので「去るも地獄、残るも地獄」と言われています。給料が大幅にカットされたり、子会社への出向を勧められたり、自発的に辞めるよう有形無形の圧力がかかることがあります。なにより職場のモチベーションが大幅に下がっているので、日々重苦しくなる人間関係にストレスを感じるかもしれません。

　あなたが35歳以降、そんな苦しい立場にならないために、いったいどうすればいいのでしょう？

　対策のひとつは、普段からキャリアを磨き、いつでも転職できる、または独立起業できるような実力をつけておくことです。経験と能力と人的ネットワークをつくっておけば、必ずどこかから声がかかるようになります。転職先もみつかりやすくなりますし、「あなたは残ってほしい」、そう今の会社に引き留められるかもしれません。

　そのためにはいまの会社、いまの仕事で吸収できることはすべて吸収しておきましょう。事務系の仕事をしているのなら、営業を経験してみてもいいかもしれません。その反対もまたしかりです。

　他業界、他社にも通用するようなキャリアは何かを常に考え、自分を鍛えておくことが、35歳以降の自分を守ることになるのです。

第2章

人生のパートナーって必要？
～お金からみた「結婚」

未婚化・晩婚化が進んでいますが、
結婚することのメリット・デメリットとはなんでしょう？
結婚することになった場合、結婚費用（結納・婚約～新婚旅行）や
新生活にかかる費用は、いったいどれくらいなのでしょうか？

結婚のメリット・デメリットは ナニ？

「結婚するのが当たり前」の時代ではなくなってきました。

女性の高学歴化、社会進出とともに、良くも悪くも結婚を後回しにできる環境が整ってきたからです。20代後半〜30代は仕事が面白くなる時期でもあるので、結婚どころではないかもしれません。あなたの周りにも、働くシングル女性が多いのではないでしょうか？

一生独身の人がどのぐらいいるかを表す「生涯未婚率」という数字があります。国立社会保障・人口問題研究所の人口統計資料によると、生涯未婚率は年々上がり、2010年は男性が2割、女性も1割を超えています。

> **＊押さえておきたいキーワード＊**
> ## 生涯未婚率
> 生涯未婚率とは「一生結婚しない」と決心した人の割合ではない。「45〜49歳」「50〜54歳」の未婚率（結婚したことがない人の割合）の平均値から、50歳時の未婚率を計算したもの。50歳時点で結婚していない人は、将来的にも結婚する予定がないと考えられ、一生独身の人がどのぐらいいるかを表す指標になっている。

男性の5人に1人、女性の10人に1人が生涯独身なのです。

そして生涯未婚率と比例するように、平均初婚年齢も年々上がっています。2010年の女性の平均初婚年齢は29.69歳、1970年と比べて5歳も上がっています。

東京の女性だけに限ってみるとこの未婚化・晩婚化の傾向はさらに高く、「生涯未婚率は17.37％、平均初婚年齢は30.62歳」と全国トップレベルなのです。

いまの女性はそんなに結婚したくないのでしょうか？

実はそんなことはないのです。

同研究所の「第14回出生動向基本調査」によると、男女とも結婚したいと思っている人は多く、18～34歳の未婚者のうち、男性の86.3％、女性の89.4％が「いずれ結婚するつもり」と答えています。これは、1980年代の9割からそれほど下がってはいません。

結婚願望は依然として高い、では何が問題となっているのでしょうか？

結婚のメリット・デメリットについて、独身の男女はどのように考えているのでしょうか？

同調査によると、「結婚に利点がある」と答えた18～34歳未婚者の具体的な回答は次ページの通り（2つまでの複数回答）。

第2章
人生のパートナーって必要？
〜お金からみた「結婚」

59

18～34歳未婚者に聞いた結婚することの利点
（2つまでの複数回答のTOP3）

	男性		女性	
1位	子どもや家族をもてる	33.6%	子どもや家族をもてる	47.7%
2位	精神的安らぎの場が得られる	32.3%	精神的安らぎの場が得られる	29.7%
3位	親や周囲の期待に応えられる	14.6%	親や周囲の期待に応えられる	19.1%

※国立社会保障・人口問題研究所「第14回出生動向基本調査」2010年より

　男女とも「子どもや家族をもてる」がトップになっていて、特に女性は半数近い人がそう答えています。「精神的安らぎの場が得られる」も男女とも2位で、結婚によって心が満たされることが最大のメリット。人生にパートナーが必要と考える人はここを期待しているのでしょう。

　では、デメリットはなんでしょうか？
　ここでは「独身生活の利点」の回答を「結婚のデメリット」としてみてみます。

18～34歳未婚者に聞いた独身生活の利点
（2つまでの複数回答のTOP3）

	男性		女性	
1位	行動や生き方が自由	65.1%	行動や生き方が自由	71.4%
2位	金銭的に裕福	28.1%	広い友人関係を保ちやすい	27.7%
3位	家族扶養の責任がなく気楽	23.8%	家族扶養の責任がなく気楽	19.2%

※国立社会保障・人口問題研究所「第14回出生動向基本調査」2010年より

男女とも「行動や生き方が自由」という回答が圧倒的なので、結婚最大のデメリットは「行動や生き方が不自由になる」ということ。そして次に多い回答は、女性が「広い友人関係を保ちやすい」、男性が「金銭的に裕福」です。

これは裏返せば、結婚すると、「広い友人関係が保てなくなる」「金銭的に裕福でなくなる」と、読むことができます。

たしかに結婚をすると早く家に帰らなければいけなかったり、高価な物を買うのにパートナーの許可が必要だったり、交友関係が狭まってしまうこともあります。

精神的な安らぎと引き換えに「時間とお金と人間関係」に制約がかかるのもこれまた事実。それまで自由を満喫していただけに、大きなストレスを感じるかもしれません。

「結婚を考えたときに気になること」という質問に、25〜34歳の女性の6割は「自分の生活リズムや生活スタイルを保てるか」をあげています。

結婚はしたいけれど、いまの生活スタイルは崩したくない……、まとめると現代女性の悩みはそうなります。結婚するなら「いまの生活リズム、生活スタイルが可能な限り崩れないこと」が前提になるでしょう。

どこに住み、どう働いて、どう生活するのか、いまの延長線上にあるイメージがもてれば、もっと結婚に対して積極的になれるのかもしれません。

第2章

人生のパートナーって必要？
〜お金からみた「結婚」

結婚したい！
婚活ってどうするの？

「やっぱり人生のパートナーがほしい。そろそろ結婚したい」と思ったとき、もし相手がいなければ、出会いを求めて「婚活」をスタートすることになります。

> ＊押さえておきたいキーワード＊
> **婚活**
> 結婚を望む人が自分から進んで結婚につながる活動を積極的に行うこと。具体的には合コンやお見合いパーティーへの参加、結婚相談所や婚活サイトへの登録などを指す。2009年の流行語大賞にノミネートされた言葉。

明治安田生活福祉研究所の「第7回 結婚・出産に関する調査2013年」によると、女性の半数強が「婚活経験がある」と答えています。そして婚活経験のある既婚者4人に1人（女性24.7％）が、婚活で出会った人と結婚しています。「婚活で出会った人ではないが、結婚につながった」と回答した人も含めると、なんと4割以上。

結婚適齢期という言葉がなくなり、結婚への社会的プレッシャーがなくなったいま、「結婚するためには努力をする」ことが必要なのです。思い立ったら行動に移したほうがいいことは言うまでもありません。

では、婚活にかかるお値段はどのくらいでしょうか？

友達に異性を紹介してもらうのであれば、飲食代やデート代ですむので数千円〜数万円といったところでしょう。自治体などが主催する婚活パーティーや、街コンなどに参加してみるのもいいでしょう。参加費用はまちまちですが、目安としては2,000円〜6,000円程度です。

結婚相談所といった専門機関が仲介すると、希望条件の人と出会うチャンスが飛躍的に増える一方で、入会金や月会費、パーティー参加費や成婚料などのお金がかかります。
婚活期間が1年2年と長くなればなるほど、パーティーなどオプションを利用すればするほど、費用はかさんでいきます。なかには100万円を超えるケースも。

そこで、1年という短期決戦を念頭に、大手結婚相談所または大手婚活サイトを利用した場合にかかる費用を計算してみました。

大手結婚相談所の場合

単位：円

	入会時の費用	月会費	成婚料	1年間の合計
楽天オーネット（プレミアムプラン）	114,480	15,012	0	294,624

※消費税（8％）込みの金額
※入会時の費用とは入会金、写真撮影、データ掲載費等の合計
※婚活パーティー、お見合いコーディネートは別料金
※2015年11月現在

大手婚活サイトの場合

単位：円

	入会時の費用	月会費	成婚料	1年間の合計
ブライダルネット	0	3,000	0	36,000

※消費税（8％）込みの金額
※月会費コースの場合
※2015年11月現在

　結婚相談所「楽天オーネット」の場合は約30万円、婚活サイト「ブライダルネット」は3.6万円です。

　ただしこれは利用料だけなので、デートの交通費や飲食代もかかると考え、余裕をもって5万円上乗せしておきましょう。つまり結婚相談所利用者は約35万円、婚活サイト利用者は約9万円かかると考えます。

　さて、どちらがよいのでしょうか？

　費用だけをみると、婚活サイトのほうが安く、結婚相談所の4分の1ですみます。リーズナブルで手軽に始められるのが魅力ですね。

　しかし安い分、サイト登録者の真剣味が足りないかもしれません。また、婚活サイトにはあれこれ踏み込んだ世話をしてくれる専門アドバイザーがいないことにも注意が必要です。

　自分からマメに相手のプロフィールをチェックしたり、日記を見たりメッセージ交換を希望したり、用意されているツールをフル活用しないと何も進みません。

　値段が安い分、自己責任になっている部分が大きいのです。

一方、結婚相談所は婚活サイトより値段が高いのがデメリットです。けれどその分、本気の登録者が多いかもしれません。

そして、毎月自分の希望に合った相手を複数選んで紹介してくれたり、専門アドバイザーが交際関連の相談にのってくれたり、気に入った相手とのお見合いを依頼できるオプションもあります。

プロにしっかりサポートしてほしい人、婚活時間があまりない人、受け身になりやすい人はこちらのほうが向いているでしょう。

結婚費用の全国平均は400万円以上

結婚相手がみつかったら、結婚式の準備にとりかかります。

挙式スタイルは教会式に神前式、それとも流行りの人前式、場所はホテルかレストランかゲストハウス、海外でのリゾートウェディングもステキですね。

しかしその前に考えておきたいのが、予算という現実です。

いったい結婚費用はどのぐらいかかるのでしょうか？

リクルートマーケティングパートナーズの調査によると、次ページの通りです。

第2章
〜お金からみた「結婚」
人生のパートナーって必要？

結納・婚約～新婚旅行までにかかった費用

単位：万円

	全国平均	首都圏平均
結婚式の費用	16.0	14.8
両家顔合わせの費用	5.7	6.2
婚約指輪	33.1	36.2
結婚指輪（2人分）	22.6	23.9
挙式、披露宴・披露パーティー総額	333.7	341.7
新婚旅行	57.9	60.6
新婚旅行お土産	11.4	10.3
結婚費用総額	436.2	446.1

※「ゼクシィ結婚トレンド調査2014」より
※各項目の平均額の合計は総額と一致しない

　結納・婚約から結婚式、新婚旅行までかかった「結婚費用総額」は、全国平均が436.2万円、首都圏だともう少し高くて446.1万円になります。

　ちなみにこの表にはありませんが、首都圏より高いのが九州の452.9万円、北海道は安くて275.1万円です。地域による差も大きいので、そこは注意してくださいね。

　「えっ結婚費用が400万円以上!?」とビックリした人も多いのではないでしょうか。

　婚約、結婚を合わせた指輪代が約60万円、新婚旅行が約60万円、そのお土産代も約10万円と高額な出費が続きます。そして目をひくのが「挙式、披露宴・披露パーティー総額」の圧倒的な高さ。約340万円で、総額の約7割を占めます。

挙式料は約30万円ですが、新婦の衣装に約40万円、スナップ写真に約20万円と披露宴・披露パーティー関係で次々と出費が続きます。色々積み上がって、気がついたら340万円だったという感じでしょう。

けれど、予算を抑える手段はいくつかあります。
「料理のランクは下げてもいい」「ブライダルエステを我慢すればいい」「ビデオ撮影を家族に頼めばいい」と自分にとって節約していいものがみえてきます。
「これはこだわりたい、お金をかけたい」という部分と、「ここは我慢する」「予算オーバーしたら削る」という部分をわけ、優先順位をつけておくといいですね。

結婚式というお金のかかるイベントは、2人の金銭感覚と価値観をすり合わせる絶好のチャンス。納得がいくまで2人でよくよく話し合うといいでしょう。

ご祝儀や親からの援助もアリ！
自己負担は100万円

「それでも400万円なんてとても用意できない。お金が貯まるまで結婚できない」とガッカリする前に、知っておきたいのが入ってくるお金のことです。
実は、親や親族からの結婚費用の援助を受けている人がとても多いのです。

第2章
〜お金からみた「結婚」
人生のパートナーって必要？

同調査によると、援助を受けた人の割合は全国平均67.5％、首都圏63.5％です。7割近いカップルが親や親族から金銭の援助を受けています。そして実際に受けた金額はいくらかというと、全国平均157.7万円、首都圏159.2万円です。

さらに結婚にはご祝儀という収入があることも忘れないでください。これは全国平均227.9万円、首都圏は219.9万円です。

結婚費用は、以下の組み合わせでまかないます。

| 2人の貯蓄 | + | 親の援助 | + | ご祝儀 | = | 結婚費用 |

首都圏平均の数字を使って、自己負担分を計算してみました。すると67万円になります。

結婚費用総額：446.1万円 － 親の援助：159.2万円 － ご祝儀：219.9万円 ＝ 自己負担：67万円

あくまで平均から考えて出した数字ですが、2人の自己負担は100万円もいきません。さらに披露宴に出席していない親族や勤めている会社からのお祝い金という臨時収入もあるかもしれません。

つまり、400万円貯まらないと結婚できないわけでもなく、「あれも削ってこれも削って」と、過度にガマンする

必要もないということ。

とはいえ、平均額のお金が確実に入るとは限りませんし、最初からあてにするのも考えものです。2人で最低100万円は準備しておくといいでしょう。

新居の家具・家電などの費用は70万円が目安

結婚が決まったら大切な貯金を結婚費用だけに費やしてはいけません。これから始まる新生活の費用にも振り分けましょう。

では、新生活準備のためには何が必要で、いくらかかるのでしょうか?

リクルートマーケティングパートナーズの調査では、次の通りです。

新生活準備のためにかかった費用

単位：万円

	全国平均	首都圏平均
インテリア・家具の購入総額	44.6	38.8
家電製品の購入総額	36.9	32.7
新生活費用総額	78.1	66.0

※「ゼクシィ新生活準備調査2014」より
※各項目の平均額の合計は総額と一致しない

全国平均は78.1万円、首都圏平均は66万円です。

2013年は消費税アップ前の駆け込み購入が多く、例年より高くなっていますが、それでも目安は70万円と考えればいいでしょう。

　ちなみに購入が多かったのは、インテリア・家具では1位「カーテン類」、2位「食器棚」、3位「ダイニング家具」と「自分たち用の布団」です。家電製品では1位「冷蔵庫」、2位「照明器具」、3位「洗濯機」でした。

　新生活の準備品として考えられるのは、以下のものです。
【インテリア・家具】
　カーテン類、食器棚、ダイニング家具、布団、ベッド、ソファ、ＡＶボード、ドレッサーなど
【家電製品】
　冷蔵庫、照明器具、洗濯機、エアコン、炊飯器、電子レンジ、テレビ、パソコン、レコーダーなど
【住まい関係】
　賃貸住宅の敷金・礼金、不動産屋手数料、引っ越し代、リフォーム代、住宅購入の頭金など

　最近は結婚前から同居しているカップルも多く、結婚によって新たに買う必要のないケースもあります。実家から持ってきて節約する堅実派もいるでしょうから、70万円も必要ないかもしれません。

　一方で、結婚を機に「新居」や「車」を購入するカップルが多いのも事実です。同調査によると、7組に1組の割

合で「新居」や「車」を購入しています。そうすると70万円どころの話ではなくなりますね。

また、新居への引っ越し代や挨拶回りの品代、賃貸住宅の場合は不動産屋の仲介手数料や敷金・礼金などが必要になります。そういう場合は70万円ではなく、100万円以上用意しておいたほうがいいでしょう。

いままでのことを整理すると、次のような図になります。

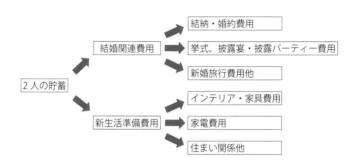

結婚にかかるお金は、「結婚関連費用」と「新生活準備費用」の2つに大きく分かれ、それからまた枝分かれしていきます。大元2つの目安は100万円と70万円でした。そのため、結婚というライフイベントの予算は170万円ほどと考えられ、それを2人の貯蓄からまかなえるようにすればいいのです。

「そんな大金用意できない」と思うかもしれませんが、1人当たりで考えると85万円（170万円÷2人）です。

いきなり85万円の出費は厳しいかもしれませんが、これを3年かけて準備すると考えると、月に約2.4万円（85万円÷3年÷12ヶ月）貯蓄すればいいことになります。5年の場合は月約1.4万円です。3年後、5年後に結婚したいと思う人は、この金額を念頭にブライダル貯金を始めるといいでしょう。

その他結婚関連のアドバイス

① 見積もりは3回以上もらってOK

ブライダルフェアや会場の下見に行ったときにもらうのが最初の見積もりです。挙式、料理、飲物、衣装、写真代など、費用項目がズラリと並んでいます。必要最低限のみのざっくりしたものなので、相場を知るためにもらいます。

2回目は2人の希望を具体的に盛り込んだものをもらいます。予算に収まりそうか、予算オーバーになりそうかをチェック。そして3回目は確定したゲストの人数や削る項目、増やす項目など中身の調整をするため、実際に払えるものをもらいます。

もし納得がいかなければ、4回目、5回目と見積もりを出してもらってもかまわないのです。

② 海外リゾートウェディングは意外とオトク

「新婚旅行も兼ねられる」「親孝行になる」と人気上昇中の海外での結婚式。

ゼクシィ海外ウェディング調査2014によると、1割の
カップルが海外で結婚式を挙げています。場所はハワイが
6割と断トツで多く、次いでグアム、ヨーロッパと続きま
す。

国内よりお金がかかるイメージがありますが、挙式料、
現地でのパーティー代、旅費に滞在費などの総額は首都圏
平均174.9万円です。国内の挙式、披露宴・披露パーティ
ーにおけるカップルの自己負担額が141.2万円ですから、
国内で行う場合とそれほど変わりません。しかも新婚旅行
代も入った金額と考えれば、結構オトクかもしれません。

③　新居はどこに住む？　いつから同居する？

新居はどこに、いつから住むのがベストでしょうか？

2人とも勤めているのであれば、家でゆっくりするのは
週末くらいです。生活しやすいエリアなのか、快適に過ご
せる間取りなのかといったことよりも、通勤距離や会社と
の地理的関係で考えるといいでしょう。

ゼクシィの調査によると、約4割のカップルが結婚前か
ら一緒に住み始めています。結婚式の準備やそれに伴う各
種手続きは結構大変。早めに同居して一緒に準備するほう
が、何かと便利かもしれませんね。

④　結婚に伴う各種手続きもお忘れなく

役所に出す婚姻届や会社に出す結婚届、扶養に入るなら
相手の会社での社会保険手続きも忘れないようにしましょ
う。法的に自分の立場が守られますし、お祝い金や記念品
などをもらえるチャンスです。

またパスポートや運転免許証、銀行口座やクレジットカード、携帯電話などの名義変更も忘れずに。特にパスポートや運転免許証は身分証明として使えるため、早く、確実に行うことが重要です。

そして忘れやすいのが、生命保険の受取人の変更です。万が一の受取人がお互い親のままになっていませんか？ 生活が落ち着いたら保険会社に連絡して、変更の手続きをしましょう。

⑤　誰でもイライラ、お金と心に余裕をもって

結婚が決まると数ヶ月から1年近く、準備や手続きに忙殺され、お互いついイライラしてしまうものです。相手の面倒くさそうな態度に怒ってケンカになる、という話も珍しいことではありません。

いまやらなければいけないこと、後回しにできることを整理し、お金も時間も余裕をもったスケジュールにしましょう。そのためには入籍、同居、結婚式、新婚旅行のタイミングが離れていてもいいのです。

要は2人が結婚という重要なライフイベントを通して「一緒に家庭をつくっていく、一緒のライフプランを描く」という意識をもつことが大切なのです。

仕事と家庭の両立は「タイムマネジメント」にあり

結婚後に直面する苦労が「仕事と家庭の両立」です。

長時間労働が当たり前の日本において、掃除、洗濯、料理（そのうち育児）の生活時間をちゃんと確保するのは容易なことではありません。しかも実家で「すべて親任せ」だった人は、慣れない家事に四苦八苦するのではないでしょうか。「家事をどちらがどれだけ担当するか」で夫婦喧嘩になることも多いようです。

でも大丈夫、これも工夫次第でなんとかなります。ポイントは次の3つです。

① 完璧を目指さない
② 最新家電を購入する
③ アウトソーシングする

① 最初が肝心、完璧を目指さない

これは「うまくできない自分を責めない」ということと「最初から家事のハードルを上げない」という2つの意味があります。

「結婚しても仕事同様、家事もちゃんとやらなければ」と、マジメな人ほどそう思うようです。けれど結婚で自動的に勤務時間が短くなるわけではありませんし、時間は結婚前も結婚後も同じ24時間しかありません。

家事がたまってイライラすることがあっても、「上手（うま）くできない自分」を許してあげましょう。家事も慣れないと「手早く済ますところ」や「手の抜きどころ」がわからず難しいものです。

「ちゃんとできるほうがすごい」ぐらいに軽く考えたほうがいいでしょう。

第2章　人生のパートナーって必要？　〜お金からみた「結婚」

そして最初から「片付いたきれいな部屋」と「美味しい手作り料理」を頑張ってはいけません。初めにハードルを上げてしまうと、できなくなったときに、「手を抜いている」「怠けている」という印象を相手に与えてしまいます。

何事も最初が肝心です。時間があってもほどほどにこなし「週末に夫婦で一緒にやろうね」というスタンスにしておくといいでしょう。「家事は奥さんがやるもの」を当たり前にすると、「育児」が加わったとき、さらに大変なことになってしまいます。

② お金がかかっても最新家電を購入する

仕事と家事の両立は、一言でいうと「タイムマネジメント」です。

限られた時間に、何を優先して、どうこなしていくか。費用がかかっても時短に役立つものは積極的に取り入れるといいでしょう。

そこでお勧めしたいのが、最新家電の購入です。具体的には「食器洗い乾燥機」と「乾燥機付き洗濯機」と「ロボット掃除機」の３つです。

「食器洗い乾燥機」は、食事の後にお皿やお椀やコップを並べ、洗剤を入れてスタートボタンを押すだけです。ミスト洗浄機能があれば、落ちにくい汚れも浮かして全部キレイにしてくれます。

大きな調理器具や繊細なガラス食器、溶けやすいプラス

チック容器などは自分で洗わないといけませんが、それでも後片付けがだいぶ楽になることでしょう。

実は食器洗い乾燥機を使うと、手で洗うより使う水が少なくて済むのです。家事の時間と水道代の節約で一石二鳥というわけです。

「乾燥機付き洗濯機」は３つのうち一番高いのですが、それでも洗濯から乾燥までやってくれるので、大幅な時間と手間の節約になります。おうちクリーニング機能が付いていれば、クリーニングに出していたものも家で洗えるようになります。

夜中に洗う音が気になる人、人工的な乾燥の匂いが気になる人は、音の静かな機種や消臭機能がついたものを選ぶといいでしょう。もちろん高機能になればなるほど、値段は高くなります。

「ロボット掃除機」はアイロボット社のルンバが有名ですが、最近は国産のものも出てきて競争が激化。以前より選択肢が増え、安く買えるようになってきました。コードレスで自由に床を動き回り、ブラシでゴミや埃を集めながら吸い取ってキレイにしてくれます。留守中の昼間にセットしておけば、帰宅した時に部屋がきれいになっていて、とても気分が良いものです。

掃除が終わると元の場所に戻って自動充電するものや、指定時間に掃除を始めるタイマー機能のあるものもあります。

第２章
〜お金からみた「結婚」
人生のパートナーって必要？

③　家事のアウトソーシングをする

　最新家電は長く使うとおトクなのですが、ひとつひとつの値段は高いので、購入を悩んでしまうかもしれません。「それより水回りをキレイにしてほしい」「夕食を作っておいてほしい」など、人によって家事に対するニーズも違います。

　留守中、他人が家の中に入ることを割り切れるなら、家事代行サービスを使うという方法があります。

＊押さえておきたいキーワード＊

家事代行サービス

家事代行会社から派遣されてきたスタッフが、その家の道具・洗剤を使い、掃除・買い物から食事の支度に洗い物、洗濯や布団干し、アイロン掛け等々、日常的な家事を行うサービスのこと。必要な家事をオーダーメイドで組み合わせることができ、同じスタッフが定期的に（1週間に一度、2時間など）訪問して行う。やってほしいことを事前に細かく相談でき、もしスタッフが気に入らなければ変更することも可能。

　値段はサービス内容によって違い、また定期的に利用するか、スポット利用かによっても変わってきます（定期利用の方が1回当たりの値段が安い）。

　お値段は1時間3,000円前後と決して安くはありません。それでも「気分がスッキリして夫に優しくできる」「空いた時間を仕事や趣味に没頭できる」と心と体に余裕がもてるのであれば、決してムダな出費ではないと思います。

家事、育児が妻に偏りがちな日本において、今後間違いなく広がっていくサービスでしょう。

　注意点としては、会社によってサービス対象地域が違うこと、家事以外に保育や介護も行うなど、サービス内容に違いがあることです。自分の住む地域で自分が望むサービスを提供しているか、会社のホームページでチェックをし、まずはお試し体験から始めてみるといいでしょう。

主な家事代行サービス会社（家事全般）

名称	サービス内容	参考料金
ダスキン・メリーメイド	掃除、洗濯、食器洗い、アイロンがけ、買い物、花の水やりなど家事全般からメニューを組み合わせて利用。保育やペットの世話はできない。	定期利用：5,400円〜／回 1回利用：7,560円〜 （スタッフ1名、2時間）
ニチイライフ	家事全般のほか、長期留守宅管理や小学生以上の見守り保育、高齢者・障がい者ケアサービス、産前産後・入退院安心サービスなどもあり。	定期利用：2,808円〜／時間 1回利用：5,400円〜／時間
ベアーズ	家事全般のほか、1週間分の夕食の献立提案、調理、冷凍保存するサービスや1〜12歳の保育サービスもあり。家事サービスをプレゼントするギフト券もある。	定期利用：3,438円〜／時間 1回利用：13,860円〜／3時間 （交通費込み）

※料金は消費税（8％）込み
※2015年11月現在

夫の実家との付き合い方は？
絶妙な間合いがほしい

　結婚後、夫の実家とどう付き合ったらいいかを悩む人は多いようです。

何を隠そう私もその1人でした。夫の実家は関西の山奥の兼業農家で、関東のサラリーマン家庭に育った私は、言葉も文化も違いすぎ、なかなか馴染めませんでした。同居していたわけではありませんが、それでもお正月やお盆の帰省が大きなストレスになったものです。

　そんな私でもいまだから言えることは「そのうち慣れるから大丈夫」ということです。

　特に子どもが生まれると、共通の話題、関心ごとができるため、一気に心の距離が縮まります。

　やはり縁があって親戚になったわけですし、夫の実家とはそれなりに顔を合わせ、つかず離れずの良い関係を保ったほうがいいと思います。ちょっと面倒な行事や親せき付き合いなども、世界を広げるチャンスであり、あなたの人間としての幅を広げることでしょう。

　そして夫の実家と仲良くすることは、精神的なものだけではなく、物理的・経済的な点から考えても、やはりメリットがあるのです。

　たとえば夫の失業や転職などにより住むところが無くなった場合、または自然災害で緊急避難することになった場合、一時的に夫の実家に同居させてもらうことができるかもしれません。

　それにより、毎月8万円のアパート代が1年分浮くと考えると、96万円（8万円×12ヶ月）も節約できます。都心は家賃が高いので家計も助かりますよね。

また、子どもの保育園がなかなか決まらなくて困っている場合、一時的に子どもの世話をお願いできるかもしれません。これを時給2,000円のベビーシッターを1日6時間、30日間利用したと考えると36万円（2,000円×6時間×30日間）節約することができます。

自分の実家のほうが頼みやすいと思いますが、思いもよらぬピンチの時は人を選んでいられません。特に子どもが3歳まではよく熱を出すので、いざという時に頼れる人の候補は多ければ多いほどいいのです。
どうしても会社を休めない日、保育園にすぐに駆けつけられない日に、「すみません！ お願いします！」と言えるような間柄をつくっておくといいでしょう。

ちなみに私が住んでいる地域では「近居」している親子が多いです。近所で別々に暮らしているけれど、仕事が忙しいときは夕食を作ってもらったり、子どもが生まれたら保育園の送迎をしてもらったり、「できる範囲の応援」をお願いしているようです。
夫の実家とそういった関係を築いている私の友人は、「職場は遠くなったけれど、他人ではここまで甘えられない。本当に助かる」と言っていました。

実家との相性や物理的な距離の問題もありますが、人間関係のセーフティーネットがあると、何かと心強いものです。

第2章　人生のパートナーって必要？　〜お金からみた「結婚」

結婚後の「死亡保険」「医療保険」の考え方

　働き方によって社会保障が違うことは第1章で述べました。その社会保障で足りない分をカバーするのが「保険」というものです。そして家族構成が変わり、ライフスタイルが大きく変わる結婚は、保険の見直しをする絶好のチャンスなのです。

　まず保険と一言でいっても、万が一のときにまとまったお金が入る「死亡保険」や、入院・手術の費用をカバーする「医療保険」、老後の生活費の足しにする「個人年金保険」など、色々な種類があります。
　保険に入る際には、「いったいだれが、どれだけ困るのか？」、それを考えることが大切です。
　主な生命保険の種類は次ページの図の通り。

　「死亡保険」は、実家住まいのシングル女性には基本的に必要ありません。自分に万が一のことがあっても、経済的に困る人がいないからです。もし入るとするならば、お葬式代として50〜100万円ほどでいいでしょう。
　ただし、終身保険の解約返戻金を利用して（一定期間加入し続けると解約したときに戻るお金が払込保険料の総額よりも多くなるので、貯蓄性の保険として利用できる）老後の生活費を貯める人もいます（シングル女性の保険の話は、P163参照）。

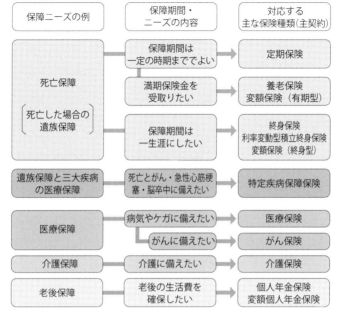

※生命保険文化センター「生命保険の契約にあたっての手引」より

　結婚後、基本となる「死亡保険」「医療保険」は、どうしたらいいのでしょうか？

　結婚後も「夫婦ともに正社員共働き」を続ける場合、死亡保険も医療保険もそれぞれ個別で入り、受取人を相手の名前にしておきます。死亡保険金額は1,000万円が目安です。正社員は社会保障が手厚いですし、万が一のことがあっても「正社員と専業主婦の夫婦」よりお金で困る経済的リスクが少ないからです。

　医療保険は、入院したときに日額5,000円〜1万円出る

タイプがオススメ。入院の短期化もあり、入院限度日数は最低60日あれば大丈夫でしょう。会社の福利厚生制度が手厚ければ、大病をしても自己負担が数万円ですむ会社もあります。まずは自分の会社の制度をチェックすることが先ですね。

　「正社員と派遣社員」「正社員とパートタイマー」など、年収差がある夫婦の場合、正社員のほうの保険金額を多めにしましょう。なぜなら、働けなくなったとき家計に与えるダメージが大きいからです。
　本来、死亡保険の金額は「必要保障額」というものを計算してから入るものです。子どもが生まれたら必要保障額も多くなります。死亡保険金額の目安は2,000万円〜4,000万円、医療保険の入院日額は1万円前後で検討してみてください。

　夫の保険に配偶者として死亡特約、医療特約をつけたほうが安くすむのに、なぜ夫婦別々に入ったほうがいいのでしょうか？
　それは夫に万が一のことがあってその保険が終わってしまった（消滅した）とき、妻の死亡、医療保障も一緒になくなってしまうから。そのとき新たに保険に入り直そうと思っても、妻の年齢が高いため保険料が高額になってしまったり、持病があって入りたくても入れないことがあります。
　どんなに仲の良い一心同体の夫婦であっても、保険はクールに別にしておきましょう。

押さえておきたいキーワード

必要保障額

万一のことがあった場合、残された家族が生活するために必要な金額のことであり、保険で確保すべき死亡保障額のこと。家族構成や資産の状況、加入している年金の種類、子どもの進学先などで変わり、末の子が生まれた時が一番多くなる。保険会社等のサイトでシミュレーションできる。

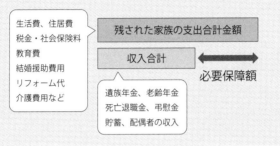

COLUMN

結婚するなら年収の高さより、家事力の高い男子！

「プレジデントWOMAN」（2014年12月号）別冊に面白い記事がありました。「理想の結婚、最悪の結婚」というテーマで、20代後半〜40代の既婚女性1,000人に質問をしています。

「生まれ変わっても今の夫がいいか」という質問に、Yesと答えたのはたった4割。その「今の夫で良かった」と思う妻たちでさえ、夫にガッカリすることが多いというのです。ちなみにガッカリの1位は毎日帰りが遅い（17.4％）、2位は家事をやらない（14.6％）、3位は義父母との関係（11.8％）でした。「家事をやらないどころか、自分の身の回りのことすらできない」という厳しいコメントもありました。

「毎日帰りが遅い」「義父母との関係」は、夫の努力ではどうにもならないこともあり、仕方ないかなとも思うのですが、2位の「家事をやらない」はまずいと思います。なぜなら家事をやらないということは、「育児」もやらないからです。すると妻は仕事と同時に「家事・育児」も引き受けざるを得ず、身も心も消耗して「こんなことなら結婚しなければよかった」となるかもしれません。

余談ですが、私の夫は二度失業経験があって、しばらく家にいた時期がありました（拙著『わたしと夫の失業日記』同

友館）。その時期に私が必要以上にイライラしなかったのは「家事も育児も好きな夫」だったからです。

失業中という引け目もあり、掃除、洗濯、料理に1歳の娘の世話もよくしてくれました。そうするとこちらも「無職だけど捨てるには惜しい……」と情がわいてくるものです。生活の不安はいつも頭の片隅にありましたが、2人でやる家事・育児はとても楽しいものでした。

そう、現代の働く女性に必要なパートナーは、高い年収よりも「家事力の高い男子」です。あくまで一般的なイメージで恐縮ですが、年収の高い男性はプライドが高く、責任の重い仕事で毎日かなり忙しいはず。となると、共働きのパートナーとしては向いていないのです。

今は「三低」という言葉が流行っています。現代の女性が結婚相手に望む男性は三低（①妻や子どもに対して低姿勢、②家事や育児を妻に任せっきりにしない低依存、③雇用が安定している低リスク）だと言われています。まさにその通りだと感心してしまいました。

なかでも「低依存」は重要で、家事育児への意欲とスキルは絶対に必要です。

このあたりはぜひ、大手結婚相談所にもわかってほしいですね。結婚したい男性に出会いのチャンスを与えるだけではなく、「最低限の料理や掃除、洗濯、育児ができるようになる理想の花婿講座」をやってほしいと思います。

第3章

子どもはいたほうがいいのかな？
〜お金からみた「子ども」

働く女性が出産を考えたときに、経済的な負担や
仕事との両立が大変である、という不安要素があります。
出産・育児にかかるお金、もらえるお金、
最新の保育園事情についても解説します！

6割の女性が子どもを欲しがっているのに、少子化が止まらないのはなぜ？

　いまの女性たちは、子どもをもつことについてどう思っているのでしょうか？

　ベネッセ教育総合研究所の「未妊レポート2013 子どもをもつことについての調査」は、25 〜 45歳の子どものいない未婚・既婚の男女約4,100人の意識と実態を調べています。

　同調査によると30 〜 34歳の未婚女性の60.5％、既婚女性の76.49％が「ぜひ子どもがほしい」「できれば子どもがほしい」と回答し、女性全体でみると約6割の人が子どもをもちたいと思っています。

　未婚でも既婚でも半数以上の人が希望しているにもかかわらず、少子化はなかなか止まりません。なぜなのでしょうか？

　そのヒントとなりそうなのが、同調査の未婚男女を対象にした「子どもについての考え」です（次ページ参照）。

　男女とも第1位は「経済的な負担が重くなる」となっていて、多くの人が「子どもにかかるお金の多さ」について心配しています。

　2位以下も「自由な時間が制限される」「身体的な負担が重くなる」などネガティブな回答ばかり。

子どもについての考え（未婚男女）

未婚男性			未婚女性		
1位	経済的な負担が重くなる	42.9%	1位	経済的な負担が重くなる	46.7%
2位	子どもをもつと自分の自由な時間が制限される	33.6%	2位	仕事との両立が大変である	46.6%
3位	子どもは自分や家族の命を次世代につなぐ	31.1%	3位	子どもをもつと自分の自由な時間が制限される	40.3%
4位	精神的な負担が重くなる	29.1%	4位	身体的な負担が重くなる	38.2%
5位	身体的な負担が重くなる	28.9%	5位	子どもをもつことで自分が成長できる	36.4%

　男性３位の「子どもは自分や家族の命を次世代につなぐ」女性５位の「子どもを持つことで自分が成長できる」が唯一の救いでしょうか。でもこれも「困難なミッションを達成せねば」という力みを感じさせますね。

　女性２位の「仕事との両立が大変である」は男性のほうには入っていないので、「子育ては女性（母親）がやるもの」という意識がお互いにあるようです。その意識が、女性に育児の負担が偏る原因となっていそうで、気になるところです。

　どうやら現代の女性は、子どものいる生活を相当ネガティブに考えています。「やすらぎ」や「楽しさ」より「責任は重くなり、さらに忙しくなり、そしてお金がかかる」と大変なことばかり。

　これでは積極的に産む気になれないのは当然でしょう。

子どものいない人生の 魅力とリスクとは？

　私の周りの子どものいない友人夫婦（DINKS）は、時間的にも経済的にも余裕のある生活をしていて、夫婦それぞれの仕事や趣味を思いっきり満喫しています。

＊押さえておきたいキーワード＊

DINKS

夫婦共働きで子どもがいない、または意識的につくらないライフスタイルのこと、またその生活観のことを指す。double income no kids（収入源が2つに子どもなし）の頭文字を並べたもの。

　お金の面から言うと「子どものいない夫婦」のほうが子どものいる家庭より有利と言えるでしょう。子どもの教育費は1人1,000万円以上と言われていて、2人いると約2,000万円。そのお金が浮くのですから、ふだんの生活に余裕が出るのは当然です。

　子どものいる夫婦に比べ、住宅資金や老後資金を多めに準備することができ、ワンランク上の家を購入したり、会社を早めにリタイアすることもできるかもしれません。

　時間においても有利です。仕事に専念できる立場なので出世も早いかもしれません。会社帰りに英会話などの習い事ができたり、夫と待ち合わせをしてディナーや映画を楽しんだり、責任ある立場で仕事は忙しくとも、大人の優雅

な時間をもつことができます。

　家庭で気を使う（時間を合わせる）相手は夫だけなので、24時間がほぼ自分の自由になります。

　もちろん損することもあるでしょう。「いくらでも残業ができる」と思われ、仕事量が他の人より多かったり、子どもの用事で早退する人のフォローをせざるを得なかったり、まわりの遠慮や配慮がなくなることです。

　職場で子どもの話題になったときも、疎外感を感じるかもしれません。「欲しくてもできない」人にとっては、とても辛い瞬間でしょう。

　DINKSの友人によると、老後ひとりになったときが心配だと言います。

　たとえば、体調が悪いときに支えてくれる相手がいない、入院するときに保証人になってくれる人がいない、ちょっとした力仕事を頼める人がいないなどのことです。良くも悪くも家族は夫だけなので、「夫との関係」が人生や生活に大きな影響を与えます。

　子どもがいても遠方に住んでいたり、疎遠だったりすれば同じようなものです。ただ、いざというとき夫以外に頼れる人がいる安心感は、老後や体が弱ったときこそ強く感じるかもしれませんね。

　整理すると、子どものいない人生は、身体的、時間的、経済的自由を得ることができ、自分のことに集中して生きることができます。ただしそれと引き換えに、「老後」に

第3章

子どもはいたほうがいいのかな？
〜お金からみた「子ども」

93

リスクがあります。自分が病気になったときや介護状態になったとき、いくら仲の良い友人がいても支えてもらうには限界があります。

　そういった状況が心配な人は、いまは「おひとりさま」向けサービスが世の中に多くありますので、どんなものがあるのか早めに調べておくといいでしょう。お金があればある程度の悩みは解消されます。

　それよりもお互い助け合える友達や近所のネットワークを作っておくこと、姪や甥などの親戚と良い関係を築いておくこと、そして子どものいる人より多めの貯蓄を準備することが必要です。

子どものいる人生の魅力とリスクとは？

　子どもがいると、自分の体と時間の自由はどうしても制限されます。厚生労働省の調査によると、６割ほどの女性が第一子誕生前後に仕事を辞めてしまうのはそのせいでしょう。昔に比べれば産休や育休制度が充実してきましたが、それでもまだまだ育児との両立は大変なのです。

　出産後、職場に復帰するときに、壁となるのが保育所探しです。出産後も働く女性が増えている一方、子どもを預ける施設は不足しており、「待機児童問題」は深刻化し、「保育園に入れず職場復帰ができない」ことが社会問題と

なっています。

　また、家庭では夫が家事・育児を協力してくれなかったり、ひとりで家事・育児を完璧にこなそうとすることなどがストレスとなり、育児ノイローゼになってしまう場合もあります。

＊押さえておきたいキーワード＊

待機児童

保育所へ入所申請がなされているのに、保育所に入所できない状態にある児童のこと。出産後も働き続ける女性が増えたことと保育所の不足が主な原因。厚生労働省の統計によると、平成27年4月時点で待機児童は全国で23,167人。特に都市部及び3歳未満児において問題が深刻化している。

　経済的にも不利ですね。日本は長いことデフレと言われ、物価が安くなる状態が続いていました。ところが教育費だけはインフレ傾向で、国立大学の授業料（年間標準額）でさえも21.6万円（1983年）から53.58万円（2013年）へアップ。30年間で2.5倍にも増えました。

　子どもが成長してくると学校に払うお金以外に、習い事や塾代、携帯代にお小遣いまでかかります。経済的にネガティブなイメージをもたれても仕方がないかもしれません。

　けれど、子どもがいることで経済的にトクすることもあるのです。たとえば月額1万円〜1.5万円の児童手当が中学校卒業までもらえますが、こういった入ってくるお金のことはあまり知られていません。

　「少子化対策」という名の下、国の経済的サポートは

年々増していて、妊娠・出産にもそれほどお金がかかりません。子ども関連費用で家計に重くのしかかってくるのは、中学生以上の教育費についてです。こういったお金の話は後で詳しく説明しますね。

　子どもがいるメリットとしては、家庭が明るくなる、心が満たされるなど、精神的なものが大きいでしょう。こういった「やすらぎ」や「楽しさ」はお金では買えない貴重なものです。仕事が忙しくてイライラしているときも、人間関係のトラブルで落ち込んでいるときも、家に帰れば子どもの笑顔で和んだ、また頑張ろうと思えるようになったという人は多いのです。

　また、育児という体験は、自分を人間的に成長させてくれます。最初から「人の親となる立派な人」や「母親らしい母親」はいないのです。本能のままに生きる未知の生物（子ども）を、途方にくれながら育てていくうちに、我慢や忍耐や胆力が身について「母親」になっていきます。
　私も、どうにかこうにか２人の子どもを育てていますが、「育児＝人間修行」だと常々感じています。けれどそれは、辛いだけではなく、泣いたり怒ったり笑ったり、人間味あふれる楽しい修行です。

　他にも「タイムマネジメントが上手くなり、関わる世界が広がる」というメリットがあります。
　子どもをもつと、自分の自由時間が少ないので、物事を進めるときに必ず優先順位を考え、効率的にこなすように

なります。ダラダラ残業していては保育園のお迎えに間に合いません。子どもが熱を出したら、仕事を休んだり、早退しなければなりません。そのため、時間には特にシビアになり、仕事も前倒しでやるようになります。

「関わる世界が広がる」とは、地域社会や子どもをもつ親同士のつながりができるということです。

子どもが生まれる前に比べ、地域のお祭りや避難訓練などに顔を出す機会も増えるでしょう。学校の役員になることもありますし、運動会や学芸会や懇親会などに参加して作業することもあります。仕事が忙しいときはめんどくさいと思うこともあるでしょう。しかし、そこで新しい人間関係を築き、視野を広げることができるのです。

そしてこのつながりは、定年退職して地域に戻ったときの「自分の居場所」にもなってくるでしょう。

妊娠を意識しはじめたら、生活上気をつけること

仕事を続けながら結婚生活を始めると、しばらくはストレスを感じるかもしれません。新しい環境下での仕事と家庭の両立は、時間的にも心理的にも余裕がなくなりやすいもの。どうしても気持ちが沈んでしまったり、体調を悪くしてホルモンバランスが崩れることもあります。

幸せなはずの新婚生活ですが、忙しい現代社会ではストレスのもとになってしまうことがあります。

「いつか赤ちゃんがほしい」と妊娠を意識しているのなら、なるべく早く体と生活スタイルを整え、毎日を楽しく送れるようにしたいですね。これがいわゆる「妊活」といわれるものです。

＊押さえておきたいキーワード＊

妊活

妊娠をするために行う前向きな活動のこと。妊娠に関する知識を身につけたり、妊娠しやすくするためのカラダ作りや生活スタイルを整えたりすること。

普段から以下のようなことに気をつけるといいでしょう。

① 基礎体温をつける

自分の体をよく知るには婦人科検診を受けるのがベストです。でも忙しくてなかなか病院に行けない、恥ずかしくてちょっと抵抗があるという人もいるでしょう。そういう人は、まず基礎体温をつけてみてはいかがでしょうか。

毎朝一定の時刻に体温を測ることで、自分の体の状態やリズムを知ることができます。「低温期」「高温期」という２つの時期がわかれば、生理周期や排卵時期も予測でき、健康管理の第一歩になります。基礎体温表は病院でも入手できますが、スマホのアプリを使うのもいいでしょう。

② 睡眠、食事、運動に気をつける

現代の働く女性はストレスが多く、とにかく多忙で疲れ

ている人が多いそう。睡眠時間や食生活が乱れると体がサビつき、生殖機能まで衰えてきます。

まずは夜更かしをやめて睡眠時間をしっかり確保しましょう。朝食は必ずとり、栄養バランスにも気をつけます。卵子の老化を遅らせる抗酸化作用が強いビタミンCとE（赤や黄色のピーマンやパセリ、レモン、イワシ、タラコなど）、妊娠体質をつくる栄養素のタンパク質（赤身の肉や鶏卵、レバー、牛乳、チーズなど）は積極的に取りたいですね。もちろん適度な運動も欠かせません。

睡眠、食事、運動、この3つは特に重要です。

③　心の健康にも注意する

体が健康でも心が病んでいると妊娠しづらくなります。アメリカの学会では、心と体が一致して安定すると、妊娠率が2倍になるケースがあると報告されています。

もしイライラしがちな生活をしているなら、仕事もプライベートも抜本的に見直すチャンス。

まずは仕事内容を見直して残業を減らす工夫をしましょう。そしてヨガのような軽い運動をしたり、夫と趣味を楽しんだり、自分がリラックスできる時間を確保します。何もしないのんびりする有給休暇を、自分にプレゼントするのもいいですね。

④　冷え性の人は冷え対策をする

冷え性は肩こりや不眠、肌荒れなど、様々な体のトラブルを引き起こします。卵巣機能や子宮にも大きな影響を与えるため、早めの対策をしたいもの。

第3章

〜お金からみた「子ども」

子どもはいたほうがいいのかな？

冷たいもののとりすぎに気をつけ、体を温める食事を中心にします。女性は毎月生理で多くの鉄分を失いますが、鉄分は血液が酸素を運ぶための重要な役割があり、それを補うのが赤身の肉やレバーなどに含まれる鉄です。ダイエットには向きませんが、肉食がオススメなのです。

　そして普段からなるべく体を温め、適度な運動をして、血液のめぐりを良くすると効果も上がります。

⑤　気になるときは婦人科へ

　手足のむくみがひどい、生理の周期が不安定、貧血に悩んでいるなど、なにか気になる症状があるときは迷わず婦人科へ行きましょう。自分の体のことを詳しく知ることができますし、早めの対処で深刻な病気にならずにすみます。できれば年に一度は婦人科検診を受けるといいですね。

　また、婦人科の「子宮卵管造影検査」は、受けるだけで妊娠しやすくなるというメリットがあります。その理由は卵管に造影剤を注入すると、軽度のつまりが解消され、卵管内部のすべりがよくなるから。妊活に役立つ知識ですね。

＊押さえておきたいキーワード＊

婦人科検診

子宮や卵巣の病気、乳がん、ホルモンの状態など女性特有の体の症状を専門医に診てもらうための検診。問診、内診、超音波検査、血液検査などがある。一般的な会社の健康診断では、女性に特化した検査は含まれないことが多い。

欲しい時にできるとは限らない。不妊治療のお値段は？

いま、カップルの7組に1組が不妊と言われています。いずれは子どもがほしいと考えているのであれば、まずは夫婦で子どもをもつことについて、話し合ってみましょう。

子どもをもつかもたないかを決める前に知っておきたいのが、妊娠や不妊に関する知識です。

女性の体は妊娠できる時期が限られています。具体的に言うと「10代半ばから40代半ばの30年間しか子どもを産めない」ということ。どんなに見た目が若くとも、どんなに医療が発達しようとも、この「妊娠適齢期」は昔から変わらないのです。

「卵子老化」という言葉を聞いたことはありますか？

簡単に言うと、人間の体と同じように、卵子も年齢とともに老化し、量も減っていくということ。30代後半以降は卵子の質も量も明らかに低下して、妊娠しづらくなります。「妊娠するなら35歳までに」と言われるのはこのせいです。

たとえ妊娠できたとしても、30代後半以降は流産してしまう確率（35歳の流産率は20.3％）も高いので、そこも注意が必要です。

女性の各年齢における卵子の数の変化

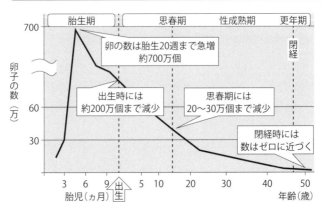

※内閣府男女共同参画局 2014年2月号より

　10代後半〜40代半ばの30年間は「妊娠できる可能性がある時期」であっても、「必ず妊娠できる時期」ではありません。妊娠のしやすさで考えると、最初の10代後半〜20代がもっとも適しているのです。

　しかしその時はまだ学生であったり、就職したばかりであったり、まだ相手がいなかったり、必ずしも生活上の妊娠適齢期ではありません。

　結婚していたとしても、キャリア形成の重要な時期ですから「仕事が忙しくて子どもどころではない」かもしれません。そして「ハードな仕事をこなし、それなりのキャリアを築いたら、もう妊娠しにくい年齢になっていた」という女性も多いことでしょう。

このように生物としての妊娠適齢期とライフプラン上の妊娠適齢期はズレています。そして前者は本人の努力ではどうにもならない現実なので、後者のライフプランのほうを前倒しして調整するしかないのです。

もしなかなか赤ちゃんができず、不妊治療をすることになった場合、どのぐらいのお金が必要になるのでしょうか？

それは、健康保険が使えるかどうか、どんな治療をいつまで行うかによって変わってきます。

＊押さえておきたいキーワード＊
不妊治療
避妊せず2年たっても子どもができなければ不妊症とされ、その原因を調べて妊娠できるような治療を行うこと。排卵誘発剤など薬を中心とする方法や妊娠しやすいタイミングを指導する方法から始め、効果が無ければ人工授精や体外受精、顕微授精などの高度な治療を行う。もちろんかかる費用もアップしていく。

排卵誘発剤などの一般的な不妊治療は、健康保険が使えるため、かかった金額の3割を負担するだけです。1回あたり500円〜2,000円ほどです。

けれど、体外受精や顕微授精などの高度な治療の場合は健康保険がきかず、1回あたり30万円〜60万円ほどかかり、しかも全額自己負担です。それでも確実に産めるわけではないので、回数を重ねるほど負担は重くなっていき、100万円を超えるケースもあります。

第3章
子どもはいたほうがいいのかな？
〜お金からみた「子ども」

そんなときは、住んでいる自治体の「特定不妊治療助成制度」を調べてみましょう。2016年度から制度が少し変わりますが、助成対象になれば1回あたり7.5万円〜25万円の助成を受けることができます。

年齢や世帯の所得、助成回数の制限が導入されるので、30代のうちに申請するのがポイントです。

【東京都の特定不妊治療助成制度の場合】

2016年4月以降実施

妻の年齢（初回の治療開始時の）による助成回数制限：

39歳まで　通算6回

40歳以降　通算3回

43歳以上　助成対象外

助成額の上限金額：治療ステージにより7.5万円〜25万円
その他注意点：前年の夫婦合算所得が730万円未満であること

法律上の婚姻をしている夫婦であること

（事実婚は対象外）

欲しいと思ったときに自然に赤ちゃんができるのが理想です。でも、晩婚化・晩産化が進む現代は、計画的に産む段取りを決めたほうがいいでしょう。

妊娠・出産にかかる費用、実はそんなにかからない

入院料や分娩料などの、いわゆる出産費用はどのくらいかかるのでしょうか？

国民健康保険中央会の調査によると、正常分娩の入院日数は平均6日、出産費用の平均は49万1425円でした。

その内訳は以下の通り。

出産費用の内訳

単位：円

項目	平均値
入院料	110,650
室料差額	15,150
分娩料	233,878
新生児管理保育料	50,339
検査・薬剤料	12,197
処置・手当料	13,575
産科医療補償制度	29,669
その他	25,968
合計	491,426

※ 国民健康保険中央会（平成25年度）
　正常分娩分の平均的な出産費用について
　妊婦合計負担額の平均値（病院、診療所、助産所の合計）
※ 四捨五入計算のため合計負担額は49万1425円にならない

全国平均はこの金額ですが、出産費用は地域差が大きく、都道府県別に見ると「東京」が一番高くなります。東京の合計金額は59万3995円。出産は健康保険が使えないの

第3章

〜お金からみた「子ども」

子どもはいたほうがいいのかな？

105

で、全額自己負担です。「産むだけで約60万円！ やっぱり子どもはお金がかかる」と、ため息をつきたくなりますね。

ところが健康保険に出産の申請をすると「出産育児一時金」がもらえます。金額は子ども１人につき原則42万円です。よって実質的な負担は、その差額である18万円（60万円－42万円）なので、貯金でカバーできる金額ではないでしょうか。

妊娠判明から子育てがスタートするまで、「いつ、どのようなお金がもらえるのか」を説明した図が次になります。

ご覧の通り、実は節目、節目でもらえるお金があって、妊娠・出産は意外にローコスト。

さらに働いている女性だけがもらえるお金、トクするお金があります（下の部分⑤⑥⑦）。

妊娠〜子育てがスタートするまでのお金の流れ

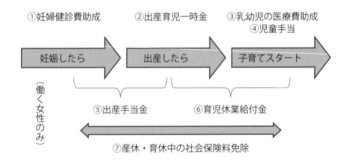

① 妊婦健診費の助成

自治体に妊娠を届け出ると、妊婦健診費が無料になる受

診票が母子手帳とともにもらえる。補助金額は自治体によって違う。

② 出産育児一時金

出産を届け出ると健康保険から原則42万円の一時金がもらえる。健康保険から直接病院にお金が支払われる方法を選べば、退院時の支払いは差額分のみとなる。

③ 乳幼児の医療費助成

子どもの医療費を自治体が全額、または一部を助成してくれる。対象年齢は小学校3年生までや中学校卒業までなど、自治体によって違う。

④ 児童手当

中学校卒業までの子どものいる家庭がもらえる。ただし、所得制限あり。金額は原則0～3歳未満が月額1.5万円、3歳～中学校卒業までが月額1万円になる。

⑤ 出産手当金

健康保険から産前産後休暇期間（出産予定日42日前から出産日の翌日以降56日目まで）もらえる。金額はお給料の約3分の2。

⑥ 育児休業給付金

雇用保険から育児休業期間（原則、産休終了から子どもが満1歳になるまで）もらえる。金額は最初の6ヶ月がお給料の約3分の2、その後は半分となる。

⑦ 産休・育休中の社会保険料免除

給与から天引きされる社会保険料が産休・育休中は免除される。将来、年金額を計算する際には、保険料を納めた期間として扱われる。

給与22万円の人が出産手当金、出産育児一時金、育児休業給付金（子ども満１歳まで）をもらった場合で計算すると、約220万円になります。結構心強い金額だと思いませんか。

妊娠・出産関連の「医療費控除」で税金を取り戻す

　「医療費控除」とは、その年（１月１日〜12月31日）にたくさん医療費がかかったとき、確定申告によって税金を一部取り戻す制度のこと。戻る税金を還付金といいます。

　妊娠・出産をすると病院に行く回数が増えるため、その年はいつもより多く医療費がかかります。１年間に払った医療費が10万円（所得が200万円以下なら所得の５％）を超えれば、その超えた部分の税金を取り戻すことができるのです。

【還付金の計算方法】
（医療費合計 － 差し引く分 － 10万円）×税率＝還付金
　※差し引く分……出産育児一時金や生命保険の入院給付金など
　※税率……課税所得により異なり、５〜45％の間（平成27年）

　かかった医療費が60万円で、差し引く分が出産育児一時金の42万円だけ、税率が10％の人の場合は

（60万円 － 42万円 － 10万円）×10％＝ 8,000円

　確定申告することで8,000円の税金が戻ることになります。

　妊婦健診費が無料だったり、出産育児一時金がもらえたりすると、なかなか10万円を超えることはないかもしれません。けれど医療費は家族全員分を合計することができますし、通院のための交通費（電車代やバス代など）や不妊治療の費用も合計できます。

　医療費として認められるものを全部合わせれば、10万円を超えるかもしれません。以下を事前に確認しておきましょう。

【医療費として認められるもの】
・妊婦健診費
・分娩費、入院費
・診療、治療費
・治療に必要な薬代
・治療のための鍼やマッサージ代
・医者が必要と認めた松葉杖や補聴器など
・出産時のタクシー代や駐車場代
・通院にかかった電車やバス代など
・不妊症の治療費や人工授精の費用

　確定申告に必要なので、必ず支払った証明書（領収書やレシート、通院費用は家計簿の記録でもＯＫ）をとってお

第3章

〜お金からみた「子ども」

子どもはいたほうがいいのかな？

109

きます。

　ちなみに確定申告は原則、翌年の2月16日〜3月15日に住んでいる地域の税務署で申告します。忙しくてなかなか税務署に行けない場合、国税庁のホームページで申告書を作成・印刷して、領収書と一緒に郵送することもできます。詳しくは国税庁のホームページやタックスアンサーを参考にしてくださいね。

「子ども・子育て支援新制度」ってナニ？

　出産後、仕事に復帰する場合、子どもを保育園に預ける必要があります。そのため、出産前から「保活」について知っておいたほうがいいでしょう。

＊押さえておきたいキーワード＊

保活

子どもを保育園に入れるために行う活動のこと。情報収集や施設の見学などの他、入園の選考で有利になるような仕事に変更したり、待機児童の少ない地域に引っ越したりすることも指す。

　2015年4月から「子ども・子育て支援新制度」がスタート、保活に大きな影響を与えました。

　これは子育てをめぐる様々な課題を解決するための新しい制度です。たとえば、幼稚園と保育園の教育と保育を一体的に行う「認定こども園」の普及を図ったり、待機児童

の多い3歳未満の保育の場を増やしたりします。少子化問題が深刻ないま、社会で子どもを育てることを強く意識したものです。

この制度下の保育施設は主に次の6つです。

① 認可保育園

国の定める基準を満たし、認可を受けた保育施設のこと。利用できるのは、共働きや疾病など保育が必要な世帯のみ。子どもの年齢は原則0〜5歳まで。夕方までの保育のほか、園によりさらに延長することができる。保育料は子どもの年齢と世帯の所得に応じて決まる。「公的な保育園」と言えばここを指すことが多い。

② 認可外保育園

認可されていない保育施設の総称。「無認可」と呼ばれることもある。自治体が基準を設けて補助金を出している自治体助成施設（東京都の認証保育所や横浜市の横浜保育室など）、企業や病院が従業員のために設けている施設、補助金などを一切受けていないベビーホテルなどがある。利用条件や受け入れる子どもの年齢、保育料は施設ごとに違う。

③ 認定こども園

保護者が働いている、いないに関わらず、教育・保育を一体的に行う施設。幼保連携型、幼稚園型、保育所型、地方裁量型の4つのタイプがある。

1号、2号、3号（P114参照）のすべての子どもを対

第3章

〜お金からみた「子ども」

子どもはいたほうがいいのかな？

象にしているため、親が働き方を変えても子どもが転園しなくてすむ。

④　幼稚園の預かり保育

幼稚園は幼児期の教育を行う学校なので、保護者が働いていなくとも利用できる。受け入れる子どもの年齢は3〜5歳、昼過ぎ頃まで預かるのが一般的。園によって希望者に「預かり保育」と呼ばれる夕方までの延長保育、また、土曜日、夏休みなどの長期休業中の保育を実施する。

⑤　保育ママ（家庭的保育事業）

個人宅の家庭的な雰囲気のもとで3歳未満の少人数（定員5人以下）の保育を行う。以前は自治体の補助を受ける「認可外」であった。新制度では「家庭的保育」として「認可」になったが、「認可外」のまま残るところもある。

⑥　小規模保育

新制度から認可された小規模な保育施設のこと。子どもは3歳未満、定員6〜19人、少人数でアットホームな保育を行っている。A型、B型、C型の3つのタイプがあり、保育士の配置や子ども一人あたりの面積などの基準が違う。

待機児童対策を強く意識しているため、A型は全員が保育士資格を持つが、B型は半分、C型は資格がなくてもよいと要件が緩和されている（ただし無資格者には一定の研修を実施）。

「公立の保育園が認可」と思われがちですが、民間会社や社会福祉法人が運営する私立の保育園でも「認可」にな

愛読者カード

　ご購読ありがとうございました。今後の参考とさせていただきますので、ご協力を
お願いいたします。また、新刊案内等をお送りさせていただくことがあります。

【1】本のタイトルをお書きください。

【2】この本を何でお知りになりましたか。
　1.書店で実物を見て　　　2.新聞広告(　　　　　　　　　　　　　　新聞)
　3.書評で(　　　　　　　　　)　　4.図書館・図書室で　　5.人にすすめられて
　6.インターネット　　7.その他(　　　　　　　　　　　　　　　　　　　　)

【3】お買い求めになった理由をお聞かせください。
　1.タイトルにひかれて　　　　2.テーマやジャンルに興味があるので
　3.著者が好きだから　　　4.カバーデザインがよかったから
　5.その他(　　　　　　　　　　　　　　　　　　　　　　　　　　　　　)

【4】お買い求めの店名を教えてください。

【5】本書についてのご意見、ご感想をお聞かせください。

●ご記入のご感想を、広告等、本のPRに使わせていただいてもよろしいですか。
　□に✓をご記入ください。　　　□ 実名で可　　□ 匿名で可　　□ 不可

郵 便 は が き

102-0071

切手をお貼
りください。

さくら舎 行

東京都千代田区富士見
一―二―十一
KAWADAフラッツ一階

住　所	〒　　　　　　　都道 　　　　　　　　府県			
フリガナ			年齢	歳
氏　名			性別	男　女
TEL	（　　　　　）			
E-Mail				

さくら舎ウェブサイト　www.sakurasha.com

っているところがあります。「認可」ではないけれど、自治体が設けた基準を満たして補助金を受けている「認可外」もあり、自治体によって名称や制度が微妙に違うため、とても複雑です。

自分の住んでいる地域はいったいどうなっているのか、出産前から自治体の窓口で資料をもらい、情報収集をしておきましょう。まずは制度を理解することが保活の第一歩です。

「子ども・子育て支援新制度」がスタートしてまだ1年経っていません。結論を出すのは早いのですが、待機児童の多い地域の保活はそれほど楽になっていないようです。

新制度で認可施設が増え、入園決定率（その年に新たに入園を申請して実際に入園できた割合）の数字自体は改善しています。けれど受け皿の増え方より、保育ニーズの増え方のほうがずっと多く、さらなる制度の改善が求められます。

保育園に入りたい。「認定区分」ってナニ？

どこの保育施設でも自由に希望できるかといったら、実はそうではありません。住んでいる自治体でまず「認定」を受け、1号、2号、3号に振り分けられます。それに応じて利用できる施設が決まってくるのです。

3つの認定区分

1号認定　満3歳以上・教育標準時間認定

子どもが**満3歳以上**で、幼稚園等での教育を希望する場合
利用先 幼稚園、認定こども園

2号認定　満3歳以上・保育認定

子どもが**満3歳以上**で、「保育の必要な事由」
に該当し、保育所等での保育を希望する場合
利用先 保育園、認定こども園

3号認定　満3歳未満・保育認定

子どもが**満3歳未満**で、「保育の必要な事由」
に該当し、保育所等での保育を希望する場合
利用先 保育園、認定こども園、保育ママ、小規模保育

　「認定こども園」はまだ数が少ないため、子どもが産まれても働き続けたい人は、「3号に認定されて認可保育園を目指す」のが一般的。そうすると、利用の流れは次の通りです。

　注意しなくてはいけないのは、無事「3号に認定」されても、それは入園許可ではないということ。認可保育園の申込みができる立場になったというだけです。申込みが定員を上回ると、ひとり親世帯であるとか、生活保護を受けているとか、子どもに障がいがあるなど、保育が必要な事

情を指数化し、その点数の高い人から決まっていきます。それにもれてしまうと「入園不可」となり、いわゆる「待機児童」になります。

　認可保育園に入れるためには、どうしたらいいのでしょうか？

　考えられる対策としては、４月の入園時期まで育休を伸ばすことや０歳児のうちに入園させることがあります。
　保育園は空きがあればいつでも入園できますが、４月は進級時期で人の移動が多いため、他の月より比較的入りやすいのです。特に０歳児クラスは全員が選考されるので（他のクラスは空き人数分だけ）狙い目といわれています。
　もし仕事の都合がつくようなら、入園の可能性が高まる４月をねらいましょう。育児休業給付は原則１歳までですが、最大１歳６ヶ月まで延長することができます。

　とてもそこまで待てない場合は、保育園の空きを待ちつつ、認可外の保育施設を利用する、ベビーシッターやファミリー・サポート・センターなどを利用する、などの対策が考えられます。
　認可外や認証保育園は、認可より保育料が高いのが一般的ですが、出産前から「入園予約」できるところがあります。確実性をとるならこういった施設も候補に入れておくといいでしょう。

　残念ながら、必ず認可保育園に入れる方法はなく、待機

第３章

〜お金からみた「子ども」

子どもはいたほうがいいのかな？

115

児童はすぐには解決できない社会問題です。「出産前から待機児童が少ない地域へ引っ越す」というのが一番現実的な対策かもしれません。

＊押さえておきたいキーワード＊

ファミリー・サポート・センター（ファミサポ）

国の制度を基本にして自治体が運営している地域の助け合い事業。会員登録をして申し込むと、センターが要望に合った援助者をなるべく近所で探し、引き合わせてくれる。細かい内容は利用者と援助者の間で話し合って決められ、1時間当たりの利用料は800円〜900円が多い。

保育料は「地域・年齢・所得」によって変わってくる

　保育料とは、いったいどのくらいかかるものなのでしょうか？

　まず「認可」と「認可外」で違ってきます。認可は各自治体が決めた統一価格となっていて、その中で変わります。第二子、第三子の場合は保育料の軽減措置もあります。

　一方、認可外は施設ごとに保育料が定められています。親の所得が高くても低くても料金は同じで、認可より高くなる場合も安くなる場合もあります。事前に資料をよく見て確認しておきましょう。

そして認可保育園は「住んでいる地域によって」「子どもの年齢によって」「親の所得によって」保育料が変わってきます。子どもの年齢は０〜２歳児、３歳児、４〜５歳児の３つに分けられているところと、３歳未満児と３歳以上児の２つのところがあります。

東京都大田区、神奈川県横浜市、千葉県柏市の３つで、世帯年収が600万円と1,000万円の場合で比べてみました。わかりやすいように、年収で示しましたが、実際は支払っている夫婦の住民税（市民税所得割課税額）で判定されます。

正確な保育料を知りたい場合は、各自治体へ問い合わせてくださいね。

東京都大田区の保育料（月額）

	世帯年収600万円	世帯年収1,000万円
０〜２歳児	23,100円	37,500円
３歳児	16,700円	26,600円
４〜５歳児	16,600円	23,000円

神奈川県横浜市の保育料（月額）

	世帯年収600万円	世帯年収1,000万円
３歳未満児	34,000円	60,000円
３歳以上児	23,500円	35,000円

千葉県柏市の保育料（月額）

	世帯年収600万円	世帯年収1,000万円
0〜2歳児	39,500円	59,300円
3歳児	27,100円	34,300円
4〜5歳児	24,700円	27,800円

※ 平成27年6月現在、2号、3号認定（保育標準時間）の第1子の場合
※ 世帯年収600万円（300万円と300万円）、1,000万円（400万円と600万円）で計算
※ 所得控除は社会保険料控除と基礎控除のみで計算

　自治体によって、ずいぶん保育料に差があることがわかります。

　世帯年収600万円の場合、どの年齢でも一番高くなるのは千葉県柏市です。そして1,000万円の場合は神奈川県横浜市になります。すべてにおいて安いのが、東京都大田区です。

　ちょっと意外な感じがしますが、保育料は東京都が一番リーズナブルなのです。

　年収1,000万円、0歳児で世田谷区、練馬区でも確認しましたが、どちらも保育料は3万円台。東京都は待機児童が多くて入るのは大変なのですが、入ってしまえば金銭的負担が少ない子育てにやさしいエリアです。

　参考までに認可外の某保育施設の保育料（8時〜18時の10時間、月〜土、月極め）をみてみると、0歳児は6.5万円、1〜2歳児は5.5万円、3歳児以上は5万円でした。認可外なので世帯年収は関係ありません。単純に保育料だけで考えると、やはり認可保育園は魅力的です。

保育園に入園できる条件とは？

保育園に入る条件は、当然ながら両親とも働いていることです。親が病気や介護のために入園するケースもありますが、ここでは共働きの子どもを保育園に入れるケースで説明しましょう。

「3号に認定されて認可保育園に入る」が狭き門であることは、すでに述べた通り。では、入園の優先順位はどのように決まるのでしょうか？

保育園の申込みが定員を上回った場合、自治体（市区町村）は入園の選考を行います。

その際、優先順位を客観的に判定するため、家庭ごとに「指数」というポイントをつけます。一般的には次の2つで構成されています。

① 基準指数……保育を必要とする事由ごとに優先の度合いを指数化（就労の場合は就労時間で分かれる）
② 調整指数……家庭や子どもの状況を配慮するための指数（基準指数から増減される）

そして、①と②の合計ポイントの高い人から、希望園への入園を決めていくことになります。自治体によっては、園ごとに第1希望の合計点の高い人から順に決めていく場

合もあります。

　保育園を意識する頃になったら、いったいわが家は何点になるのか確認してみるといいでしょう。基準指数や調整指数は自治体によって違い、入園案内やホームページ等で公開されています。

　ポイントを少しでも高めるため、育休を早めに切り上げたり、勤務時間を延ばすなど、働き方を変える人も多いようです。復職後の子どもを保育園に入れるために、ゆっくり産休・育休がとれないという、なんとも皮肉な現実があります。

教育費は大学まですべて公立（国立）でも1,000万円！

　「子どもの教育費は1人1,000万円以上」という話を聞いたことはありますか？　そしてそれは正しいのでしょうか？　幼稚園から大学までかかる教育費をみてみましょう。

幼稚園から高校まで（授業料、給食費、学校外活動費含む）

単位：万円

区分	幼稚園 （3年間）	小学校 （6年間）	中学校 （3年間）	高校 （3年間）
公立	69.0	183.5	135.1	115.9
私立	146.2	853.4	388.5	290.0

※文部科学省「平成24年度子どもの学習費調査」から作成
※学校教育費、学校給食費、学校外活動費の年額を合計した数字

東京圏の大学学生生活費（昼間部、4年間合計）

単位：万円

区分	自宅	自宅外
国立	485.0	823.7
私立	738.3	1,035.1

※学生生活費とは学費（授業料、修学費、課外活動費、通学費他）と生活費（食費、住居・光熱費その他）の合計
※日本学生支援機構「平成24年度学生生活調査」から作成、年額を単純に4倍にした数字
※東京圏とは東京都、神奈川県、埼玉県、千葉県のこと

あくまで全国平均なので、地域によってはもっと高いところ、安いところがあるでしょう。上記を単純に合計してみると……。

すべて公立（自宅から国立大学）コースの場合、合計すると988.5万円です。子ども1人育てるのに1,000万円かかるとは、学校に払う授業料以外のもの（給食費や通学費や塾代など）も含まれたこの数字からきています。

つまりその説は正しいと言えます。

ただし、私立がからむと1,000万円では収まりません。すべて私立（自宅外から私立大学）コースの場合、合計すると2,713.2万円です。なんと公立コースの約3倍。公立コース3人の子どもの教育費を1人で使うというイメージです。

手厚い私立の教育を受けさせたいと思ったら、「子どもは1人でいい」と思っても不思議ではありませんね。この高い教育費が少子化の一因になっていると言われています。

では中学、高校、大学（自宅から）だけ私立にするとどうなるでしょうか？

　その場合の合計は1,669.3万円です。すべて公立コースの1.7倍です。子どもが2人いると考えると3,340万円ほど。家を買うのと同じくらいの金額が必要になってきます。

　「子どもはお金がかかるのね。自分はもてないかも。もてても1人かな」と思考停止になる前に、もう少し考えてみましょう。よくよくこの表をみてみると、次のことがわかります。

・教育費は中学生以上で負担が重くなっていく
・大学費用は短期間（4年）で多額のお金がかかる

　子どもが生まれてから大学を卒業するまでの期間を、前半（赤ちゃんから小学生までの12年間）と後半（中学生から大学卒業までの10年間）に分けると、教育費の負担が大きいのは圧倒的に後半です。公立コースで考えると前半の合計は252.5万円なのに対し、後半の合計は736万円で、約3倍に増えます。しかも後半736万円の7割は大学4年間の費用です。

　大学費用は教育費の中でもっとも負担が重いのです。1年あたり100万円以上かかり、事前にある程度準備しておかなければ、とても乗り切れないでしょう。

　つまり教育資金対策とは、ほぼ大学費用対策のことです。

多額のお金が必要になるのは、子どもが生まれてから18年後です。幸い子育ての前半期はそれほどお金がかからないため、貯める時間的余裕が10年ほどあるのです。3大資金のうち、教育費が一番管理しやすいと言われるのはこのせいですね。つまり子どもが18歳になるまでにお金の準備ができるかどうかがポイントです。

子どもが18歳になるまでに 400万円貯めるには？

2人に1人は大学に行く時代となりました。赤ちゃんが生まれたら、すぐ大学資金を貯め始めるといいでしょう。

まずは児童手当を貯蓄しておきます。児童手当は0～2歳で月1.5万円、3～15歳で月1万円（第3子以降は1.5万円）、住んでいる自治体からもらえます（所得制限あり）。これらを全部貯めると、合計198万円になります。

それと並行して毎月1万円を貯蓄します。1年間で12万円貯まり、それが18年間続くので合計216万円になります。天引きできる財形貯蓄（一般コース）を利用すると便利でしょう。児童手当と合計すれば、414万円貯まることになります。

18年という月日はかかりますが、比較的ラクに、そして自動的に400万円貯めることができるのです。

少しでも増やしたいのなら毎月1万円をただ貯蓄するだけでなく、「こども保険」や「学資保険」といった保険の保険料に回してもいいでしょう。貯蓄性の高い保険を選べば、定期預金の利息より多くなって戻ってきます。

　さらに保険なので契約者（世帯主の父親が一般的）に万が一のことがあったときは、以降の保険料を払わずにすみます。それでいて子どもが18歳などの満期のときに、最初に決めた保険金額が全額もらえるというもの。予期せぬ家計のピンチのときでも教育費を守ることができるのです。

　子どもが生まれて生活が落ち着いたら、または生まれる前の時間があるときに、いくつか保険会社から見積もりをとっておくといいでしょう。

塾費用も高い。足りないときは奨学金を

　東京都や神奈川県など中学受験が盛んな地域では、小学校4年生くらいから子どもを塾に通わせることが多いようです。塾の費用とはどのくらいかかるものなのでしょうか?

　週刊東洋経済（2010年3月6日号）の調査によると、中学受験のための塾費用は230万円です。ちなみに高校受験の場合は100万円〜200万円、大学受験の場合は150万円前後となっているので、中学受験が一番高いことになりますね。

小学校4年生から6年生までの3年間で230万円だとすると、月額6.4万円（230万円÷3年÷12か月）出費があるイメージです。日常生活費や貯蓄とは別に毎月6万円強を塾に払うのは、ちょっと大変でしょう。大学資金準備のほうにお金が回らず、大学入学後にお金が足りなくなることがあるかもしれません。

そんなときは「奨学金制度」を検討します。

いまは大学生の2人に1人がなんらかの奨学金を使っています。国のほかに住んでいる地域や大学独自の奨学金制度もあります。世帯年収や本人の学力という条件をクリアできれば、無利子の奨学金を借りられますし、大学によっては優秀な学生に給付型の奨学金（返済不要）を用意しているところもあります。子どもが高校生になったら、調べてみるといいでしょう。

このように事前に情報収集し、コツコツ貯蓄をしておけば、「お金がなくて子どもをもてない」ということにはならないのです。

＊押さえておきたいキーワード＊

奨学金制度

学習意欲のある学生に学費や生活費を「給付」または「貸与」して、経済的な負担を軽くする制度のこと。給付型の奨学金は返還の必要がなく、貸与型の奨学金は卒業後の一定期間内に返還しなければならない。貸与型の代表的なものに日本学生支援機構（JASSO）の奨学金制度がある。

COLUMN

育児でビジネススキルがアップする？

　私は元々子どもが苦手で、仕事をバリバリ続けたかったこともあり、結婚しても「子どもはいなくてもいい。いても1人で十分、というか私にはそれが限界」だと思っていました。それがいろいろありまして、いま2人いるわけですが、この生活が楽しくて仕方がないのです。

　そう言うと「ずいぶん育てやすい子たちなのね」と思われるかもしれませんが、とんでもありません。2人とも自我が強く、夜泣きがひどく、アトピーやぜんそくをもっていて、手はかかるわ、お金はかかるわ、しかも夫は毎晩帰りが遅く、私はいつも疲れ切ってイライラしていました。

　しかしそんな地獄？ 嵐？ のような日々も、終わってみると懐かしいことばかり。
　子どもは3歳くらいから手がかからなくなってきます。身の回りのことが自分でできるようになり、体もどんどん丈夫になっていき、ちゃんとした会話もできるようになります。子どもを預ける施設も選択肢が増え、保育料金もぐっと安くなります。
　そうするといままでの苦労がウソのように吹き飛び、育児が楽しいと思ったものです。

もし子どもは欲しいけれど、いつ産むかで悩んでいる人がいたら「このプロジェクトが終わってから、もう少しキャリアを積んでから、と産むタイミングをはからず、とりあえず自然に任せて、妊娠してから考えてみては？」と言いたいです。

　なんとも無責任に聞こえるかもしれませんが、晩婚・晩産の現代、不妊に悩むカップルは７組に１組もいて、自然にできるほうがラッキーなのです。
　出産してから「じゃあ仕事と家庭をどう回していこう」と考えるくらいの楽観性や鈍感力がないと、なかなか出産に踏み切れないのではないでしょうか。

　また、育児は「ビジネススキルを磨くこと」にもつながります。
　理屈が通じず、本能のままに生きる子どもの世話は、この世のどんな仕事よりも難しいのです。それをこなすうちに、気難しいクライアントにも合わせられる「忍耐力」が身につきます。突発的なトラブルも多く経験するので、「危機管理能力」が磨かれ、未知の物事に対する「柔軟性」が身につきます。そしてなにより嵐のような日々を乗り越えた自信から、色々なことに腹が据わって、「堂々とした貫禄が出てくる」ことでしょう。

　主に人間性の部分におけるあなたのビジネススキルは、出産前よりかなりアップしているはずです。

127

第4章

マイホームはあったほうがいい？
〜お金からみた「住まい」

マイホームを購入するか、それとも一生賃貸でいくのか、
誰しもが悩む問題のひとつです。少子高齢化により、
今後、住宅事情も変わっていくことが予想されます。
社会の変化を想像しながら、住まいを選びましょう！

マイホームをもつ
メリット・デメリットは？

　30代になると「とうとう家を買いました！」と話す友人が周りに出てくる頃です。

　「家賃を払うお金がもったいない」という理由で、結婚をきっかけにマイホーム購入に踏み切る人もいます。自分の城をもつ満足感や安心感は大きいので、「いつかは自分も」と漠然と考えている人も多いでしょう。

　では、どのくらいの人がマイホームをもっているのでしょうか？

　金融広報中央委員会の調査をみると、30代の持ち家比率（相続、贈与での持ち家も含む）は48％で、半分近い人がマイホームを購入しています。その後、40代が60.1％、50代が73.7％と年齢が上がるほど増えています。

　20代の持ち家比率が16.1％なので、多くの人が30代でマイホームを購入していることがわかります。

　これは住宅ローンの返済期間も影響しているのでしょう。毎月のローン返済額を下げるには返済期間を長くするのが手っ取り早いのです。

　たとえば3000万円を全期間固定金利2％で借りた場合、30年ローンを組んだ人の毎月返済額は約11.1万円、35年ローンを組んだ人は約9.9万円です。期間を長くすると総

130

返済額は多くなってしまいますが、毎月のローン負担は軽くなります。

　マイホームをもつということは、大きな借金を背負うことであり、お金と長く上手に付き合わなければいけません。けれど現代は手取りが上がりにくく、雇用が不安定で、住宅ローンという固定費が家計に暗い影を落としています。
　よくマイホームを勧めるチラシに「家賃程度の負担でローンが組める」と書かれていますが、マイホームを購入すると、修繕費や固定資産税、火災保険料、管理費や駐車場代などの維持費がかかります。ローン以外にもお金がかかるので、一概には比べられないので注意しましょう。

　そう考えると「気楽な賃貸のままで」と割り切る人がいるのも当然です。収入が減れば家賃の安いところへ引っ越すことができますし、固定資産税や修繕費といった維持費も払わなくてすみます。
　経済的合理性を重視する人、身軽な生き方が好きな人、転勤や引っ越しの多い人、将来親の家をあてにできる人などは「賃貸派」でいいかもしれません。

　はたして購入がいいのか、賃貸がいいのかは永遠のテーマ。よくどちらが経済的に得かという話になりますが、前提条件次第でどちらも有利になります。50年間のコストで考えると、ほぼ差はないというのが一般的。
　そこで、それぞれのメリット・デメリットを次にまとめました。

第４章

〜お金からみた「住まい」

マイホームはあったほうがいい？

131

	購入する場合	賃貸でいく場合
メリット	・自分の家を持つ満足感や安心感がある ・リフォームが自分の思い通りにできる ・老後住むところの心配がない ・土地・建物という資産が持てる ・住宅ローン控除など税制上の優遇を受けられる	・その時のライフスタイルに合った家に住める ・引っ越しが簡単にできる ・住み始めの費用がそれほどかからない ・家関連の維持費がほとんどかからない ・家関連の税金負担が少ない
デメリット	・引っ越しが簡単にできない ・購入する際の費用が高い ・税金、修繕費などの維持費がかかる ・資産価値は年々減っていく ・すぐに売却ができない ・定期的にリフォームが必要。かなりの金額がかかる	・自分の家を持つ満足感や安心感がもてない ・リフォームができない ・家賃を払っていても資産として残らない ・老後の住まいで苦労する可能性がある ・死ぬまで家賃を払い続けなければならない

　気になるのが賃貸のデメリットの「老後の住まいで苦労する可能性がある」「死ぬまで家賃を払い続けなければいけない」というところです。

　年を取ったら借りられないとマイホームの購入をあせる人がいますが、本当にそうでしょうか？

　内閣府によると、30年後の高齢化率（65歳以上の人口割合）は37.7％、３人に１人が65歳以上のシニアです。そして日本は住宅の絶対量が多く、今より住宅があり余っていることが容易に想像できます。

　ということは、シニア向け賃貸住宅経営を行わなければ、不動産ビジネスは成り立たなくなっていくでしょう。

人口多数派のシニアは賃貸住宅でメインターゲットになっていくでしょう。そうなれば老後の住まいの選択肢は今より広がり、競争原理も働いて家賃も安くなっていくはず。そういった社会の変化が予想されるため、この点はそれほど心配しなくてもよいのです。

それより気になるのが、マイホームのメリット「土地・建物という資産が持てる」のほうです。土地が上がり続けた時代は終わり、これからは人口が減って家もあまる時代、売りたくても買ってくれる人がいない、貸したくても借りてくれる人がいない、つまり資産価値は限りなくゼロに近い……そんな事態になる可能性があります。

「不動産は資産」と言い切れるのは一部の利便性の高い、ブランド力のある地域だけです。マイホームを資産として、ムリに購入するのは止めたほうがいいでしょう。

こういった社会の変化を想像しながら、今後のライフスタイルをどうするか考え、自分に合うほうで決めるといいですね。

どこでどんな家に住むのがいいの？

ざっくり自分に合う住まいを考えてみましょう。ポイントは「場所」「広さ」「地域性」です。

結婚後も仕事を続けて残業も多いなら、やはり勤務先の

近くで探したいもの。忙しい共働き夫婦であれば、家でゆっくり過ごすのは週末くらいです。家は「寝るだけの場所」と割り切って、広さや地域性よりも通勤のしやすさを第一に考えるといいでしょう。

勤務先と同じ沿線沿いが便利ですが、都心だと地価や家賃が高く、なかなか希望する物件は見つからないかもしれません。郊外で探すとなれば乗り換えは1回まで、どんなに遠くとも通勤1時間以内など、譲れない条件を整理しましょう。

通勤時間は短ければ短いほど体力的に楽ですし、終電を逃したときのタクシー代も節約できます。夫婦とも勤務先が近いところが理想ですが、家事の多くをあなたが担うことになるなら、あなたの通勤事情を優先してもらいましょう。

「子ども」がいる生活を考えた場合は、まったく逆の考え方になります。家は「寝るだけ」ではなく、「暮らす場所」になっていきます。

子どもを寝かせる個室もあるといいので、広さも2LDKや3LDKは欲しいところ。床面積が50㎡以上あれば住宅ローン控除が適用され、税金の還付を受けることもできます（マイホームの場合）。日当たりや通気性も良いほうがいいですし、隣近所の顔が見える治安の良さも必要です。

近くにスーパーの激戦区やにぎわう商店街があれば物価

も安いエリアでしょう。家族でリフレッシュできる公園や
イベント施設もあれば、より生活が豊かになります。

＊押さえておきたいキーワード＊

住宅ローン控除

住宅ローンを組んだ一定の条件にあてはまる人が、申告すると税金
（所得税・住民税）が戻ってくる制度。年末の住宅ローン残高の1
％が10年間払い戻される（平成26年4月〜平成31年6月の期間）。
一般住宅の場合、一年間で戻る税金の限度額は40万円なので、最
大400万円（40万円×10年）が戻ってくることになる。

　このように子どもがいる場合といない場合では、住まい
に対する希望条件がガラリと変わります。そしてその条件
を満たそうとしたら、場所が変わってしまうのは仕方のな
いことなのです。

　たとえば、子どもが生まれる前は勤務先に近い都心の賃
貸住宅に住み、子どもが生まれたら郊外の緑が多い地域に
マイホームを持つ、という選択も良いと思います。

　育児のことまで考えれば、認可保育園が近いか、そこは
どのぐらい入りやすいかも確認しておきたいところ。自宅
と保育園と勤務先のトライアングルは小さいほどベスト。
送迎のしやすさは、仕事と育児の両立をするには絶対に外
せない条件です。

　待機児童の問題がクローズアップされているように、最
近は「保活」も大変です。園の近くに住んでいても必ず入

れるわけではありませんし、あてにしすぎてもいけません。子育てに向いている地域は、保育園の競争率も高いのです。

近くに認可外の保育園もあるか、自治体が待機児童解消に熱心か、いざという時に親や親戚に駆けつけてもらえる場所かなど、すべてを満たすのは難しいですが、色々考えておくといいでしょう。

そろそろマイホームと思ったら気をつけること３つ

賃貸に比べ、マイホームの購入はどうしても慎重にならざるを得ません。多額の資金が必要になりますし、「気に入らないから引っ越す」ことが簡単にはできないからです。

そこでマイホームを購入すると決めたら、気をつけてほしいことをまとめてみました。

① 予算を決めてから物件を見に行く
② 頭金は多めに、ローンは少なめに
③ 住み替えも考えて選ぶ

① 予算を決めてから物件を見に行く

マイホームが家計を圧迫する定型的なパターンは、身の丈に合わない家を買い、住宅ローンの返済に行き詰まること。つまり、本来買ってはいけないような高い物件に手を出してしまうことです。

それを防ぐために「うちの家計で買える家はいくらか」
という予算を先に考え、その範囲内のモデルルームを見に
行きます。決して先にモデルルームを回ってはいけません。

「とりあえず見に行くだけならいいのでは？」と思うか
もしれませんが、見たら欲しくなるのが人情というもの。
キレイなお部屋にしゃれた家具や観葉植物が並び、夢のよ
うな空間があなたを魅了するでしょう。
　勧める相手は販売のプロであり、家計管理のプロではあ
りません。「ムリなく買えますよ」という甘い言葉を頭か
ら信じてはいけないのです。

　家の予算は「頭金」＋「住宅ローン借入額」で考えます。

　そして住宅ローンの借入額をいくらにするかが難しいと
ころ。なぜなら「金融機関から借りられる金額」と、「家
計からムリなく返せる金額」は違うからです。そして多く
の場合、「家計からムリなく返せる金額」のほうが少なく
なります。

　年収400万円の場合で比べてみましょう。

【金融機関から借りられる金額】
　長期固定金利住宅ローンで有名な「フラット35」の基
準で考えます。フラット35の総返済負担率（年収に対す
る借入の年間合計返済額の割合）は、年収400万円の場
合35％です。

第4章

〜お金からみた「住まい」

マイホームはあったほうがいい？

137

つまり、年間で最大140万円（400万円×35％）も借りられることになります。

年収	400万円未満	400万円以上
基準	30%	35%

※フラット35による借入れのほか、フラット35以外の住宅ローン、自動車ローン、教育ローン、カードローンなどの借入れも含む。

年間返済額140万円（毎月約11万6,000円）、固定金利2％、期間35年、元利均等返済と仮定してシミュレーションすると、金融機関から借りられる金額は約3,500万円です。

【家計からムリなく返せる金額】
一方、収入から見た理想的な家計の中の住宅ローン割合は20〜30％です。間をとって25％という数字を使って計算してみると、年収400万円の場合、毎月の住宅ローン返済額は約8.3万円（400万円÷12ヶ月×25％＝約8.3万円）になります。

毎月のローン返済額が8.3万円、固定金利2％、期間35年、元利均等返済と仮定してシミュレーションすると、家計から見てムリなく返せる金額は約2,500万円でした。

3,500万円と2,500万円、なんと1,000万円もの差ができるのです。

長い期間安心して住宅ローンとつき合いたいのなら、家

計からムリなく返せる金額のほうを借りるべき。そしてその金額に頭金を加え、合計した金額に収まる物件を見に行くといいでしょう。

② 頭金は多めに、ローンは少なめに

準備できる頭金が多ければ多いほど住宅ローン借入額が少なくなり、後々の返済が楽になります。

たとえば3,000万円の物件に対し、頭金500万円を準備した場合と700万円を準備した場合で考えます。住宅ローンの負担はどのくらい変わるのでしょうか?

【頭金500万円の場合】

住宅ローン借入額は2,500万円、固定金利2%、期間35年、元利均等返済と仮定すると

毎月のローン返済額は約8.3万円、総返済額は約3,500万円です。

【頭金700万円の場合】

住宅ローン借入額は2,300万円、固定金利2%、期間35年、元利均等返済と仮定すると

毎月のローン返済額は約7.7万円、総返済額は約3,200万円です。

2つを比べると毎月の返済額は約6,000円（8.3万円－7.7万円）違い、総返済額は約300万円（3,500万円－3,200万円）も違ってきます。

頭金を700万円貯められたほうが、マイホーム購入後

の暮らしに300万円の余裕が出るということ。これは大きいですよね。

では、頭金はどのくらい用意するのが妥当なのでしょうか?

その目安は物件価格の「2割」です。3,000万円の新築物件なら600万円、マイホームを買うなら最低限この金額は用意しておきたいものです。

なぜ2割かというと、新築物件は不動産業者の利益や広告費が約2割のっているから。1日でも住むと中古物件となってしまい、住宅価格は2割ほど下がるという理屈です。

もし頭金ゼロで住宅ローンを組むとどうなるでしょうか? 住宅価格より住宅ローン残高のほうが多いという隠れた赤字状態になります。

もしなんらかの事情でマイホームを売ることになった場合、家を手放してもローンが残るという困った状態になってしまうのです。また、別の住宅ローンに借り換えをしたいと思っても、いわゆる「担保割れ」という状態になっているので銀行に断られてしまうかもしれません。

頭金ゼロの住宅ローンは、リスクが高すぎるのでおすすめできません。

③　住み替えも考えて選ぶ
　マイホームという夢を叶え、これで「終の棲家を得た」

と思っても、長い人生何が起こるかわかりません。

「いつか手放すことになるかも」「住み替えが必要になるかも」というクールな視点を持っておきたいところです。

たとえば、どういう理由での住み替えが考えられるでしょうか？

国土交通省の調査（平成20年住生活総合調査）によると、引っ越しした世帯の約２割がその理由を「就職、転職、転勤など」と答えています。

たとえ自分が転勤しなくても、「夫の転勤」という事態が考えられますし、いまはそのつもりはなくとも「転職」という可能性もあります。夫または自分が転職することになり、勤務先が遠くなったので引っ越しせざるを得なくなった……という場合です。

あまり考えたくないことですが、将来転職によって年収が下がったり、リストラにあって収入が途切れることもありえます。そうすると住宅ローンの返済が滞り、家を売らざるを得ない状態になるかもしれません。

ポジティブな住み替え理由として考えられるのは、子どもが当初の予想より増えたり、親と同居するなどした場合、もっと広い家に住み替えるというケースです。

また、自分が年をとったとき、家を売却したお金で介護付き老人ホームに入るということもあるかもしれません。こう考え始めるとキリがありませんね。

第4章

〜お金からみた「住まい」

マイホームはあったほうがいい？

141

つまり言えることはひとつ。いざとなった場合に売りやすい、または貸しやすい物件を買っておいたほうがいいということです。

　たとえばどういう物件が該当するでしょうか？

　それは自分が買う（借りる）立場になって想像すると、条件がみえてきます。

・通勤・通学がしやすい場所か？
・最寄駅に快速電車は止まるのか？　始発電車はあるのか？
・駅からは何分かかるか？（10分以内がベター、5分以内ならベスト）
・生活用品店（スーパーや商店街など）や医療機関は近くにあるか？
・治安は良いか？　緑は多いか？　幹線道路は近いか？　騒音はどうか？

　通勤のしやすさを優先する人は、最寄駅からバスに乗っていく広い家より、駅や繁華街に近いコンパクトな家のほうを選ぶでしょう。年金生活を送っているシニアも、病院や買い物に行きやすい後者を好むと思います。

　このように自分のマイホームの希望条件と、売る（貸す）場合に都合の良い条件にはズレがあります。どこでどう折り合いをつけて購入するかが大切なのです。

住宅ローンを組むときに 気をつけること３つ

第４章
〜お金からみた「住まい」
マイホームはあったほうがいい？

　いざ住宅ローンを組むことになったら、気をつけなければいけないことがたくさんあります。住宅販売会社に勧められるまま、提携ローンを組む必要はありません。

　なんといっても長い期間、家計に重くのしかかるお金ですから、自分でよく調べて納得したものにするべきです。

　次の３つのポイントは、必ず押さえてくださいね。

① 金利タイプの違いを理解する

　住宅ローンを選ぶとき、「どの金利タイプが一番おトクなのか」迷うことでしょう。

　おそらく、金融機関に勧められるのは変動金利だと思います。なぜなら変動金利の数字が一番低く、一見おトクに見えるから。

　けれど次ページの図の変動金利のデメリットにもある通り、世の中の金利が上昇すると返済額が増えるという「金利上昇リスク」があります。将来、気がついたらこんなに返済額が増えていた！　とあせることになるかもしれないのです。

　変動金利を選ぶ人は、毎月金利をチェックするマメさと、いざというときに固定金利に切り替える行動力が必要です。

143

固定金利と変動金利の違い

固定金利タイプ	変動金利タイプ	
全期間固定金利型	固定金利期間選択型	変動金利型
借り入れたときの金利が全返済期間を通じて変わらないタイプ	「当初3年間○％」など、一定期間に固定金利が適用されるタイプ	金融情勢の変化に伴い返済の途中でも定期的に金利が変動するタイプ
●メリット ・借入れ後に金利が上昇しても将来にわたり借入れ時の金利による返済額が確定 ・借入れ時に返済期間全体の返済計画が確定 ●デメリット ・借入れ後に金利が低下しても返済額が変わらない	●メリット ・固定金利期間中は返済額を確定できる ・借入れ後に金利が低下すると、返済額が減少 ●デメリット ・借入れ後に金利が上昇すると、返済額が増加 ・借入時に固定金利期間終了後の返済額が確定しないので、返済計画が立てにくい	●メリット ・借入れ後に金利が低下すると、返済額が減少 ●デメリット ・借入れ後に金利が上昇すると、返済額が増加 ・借入れ時に将来の返済額が確定しないので、返済計画が立てにくい ・借入れ後に金利が急上昇した場合、未払利息が発生する場合がある

※フラット35「住宅ローンの基礎知識」より

　では、全期間固定金利が一番いいかというと、そうとも言い切れません。数字が他の2つのタイプより高いうえに、世の中の金利が下がっても返済額が変わらないため、金利下降の恩恵を受けることができないからです。

　結局、どの金利タイプでもメリット・デメリットがあり、

住宅ローンは終わってみないと、どれが一番良かったかは
わからないのです。

　基本的に、家計に余裕があって「金利上昇リスク」をカ
バーできる人は変動金利を、できない人は固定金利を、ど
ちらともいえない人は期間に応じて固定金利期間選択型を、
という選び方が無難です。それぞれのいいとこ取りをする
ため、固定金利と変動金利の２本立てローンにするという
手もあります。

　いまはこのタイプの違いがわかっているだけで大丈夫。
いざ住宅ローンを組むことになったら、その時の家計の状
態や最新の金利を見比べ、あちこちの住宅ローン商品をじ
っくり吟味してくださいね。

② 返済期間は定年前に終わるようにする
　住宅ローンはなるべく早く、現役世代のうちに払い終え
たいものです。そうすると借入期間でも迷うことになるで
しょう。

　次ページの表のように、同じ金額・同じ金利で借りても、
期間が長いと毎月の返済額が小さくなります。

第４章
マイホームはあったほうがいい？
〜お金からみた「住まい」

住宅ローン借入額3,000万円を全期間固定金利2％で
期間20年と35年で比べた場合

借入額	全期間固定金利	借入期間	毎月返済額	総返済額
3,000万円	2.0%	20年	15.2万円	3,642万円
3,000万円	2.0%	35年	10万円	4,174万円

※元利均等返済でシミュレーション、概算

　だからつい期間を長くしたくなるかもしれませんが、そうすると総返済額が増えるというジレンマに。

　住宅ローンを払い終えたとき、はたして自分は何歳なのか必ずイメージしてみましょう。1年単位で延ばしたり短くしたりできるため、自分にとってベストな期間を選んでください。

　できれば定年前、65歳までには払い終えるようにしたいですね。もし70歳にかかるようであれば、家計に余裕が出たときに繰り上げ返済をし、期間を短くしていきます。

　ただし、繰り上げ返済をやりすぎて手元に現金が無くなり、結局子どもの教育費をローンで借りた……なんてことにならないよう気をつけてください。住宅ローンより教育ローンの金利のほうが高く、もっとも損するやり方です。

　そうならないためにも数年先のライフプランを考え、まとまった金額が必要になる時期を把握しておくといいでしょう。特に子どもの大学入学など、高い教育費が続く時期は要注意です。繰り上げ返済に回せるお金があっても、しばらくは貯蓄にねかせて様子をみておき、教育費の支払いを優先しましょう。

③　一度組んでもマメに見直そう

　長い住宅ローンの返済期間中、金利が上がったり下がったり、家計に余裕があったりなかったり、色々なことが起こるでしょう。

　たとえ順調にローンの返済ができていても、定期的に住宅ローンを見直してください。住宅ローン見直しの方法は２つ、「繰り上げ返済」と「借り換え」です。

＊押さえておきたいキーワード＊

繰り上げ返済と借り換え

「繰り上げ返済」とは、毎月の返済とは別に、臨時の返済を行い、住宅ローンの残高を減らすこと。臨時返済した分の利息が節約でき、返済期間も短くなるのが一般的（期間短縮型）。

「借り換え」とは、今借りているローンを別のローンに乗り換えること。手間や諸費用がかかるが、より低い金利に変えることで将来支払う利息を節約することができる。

　金融機関によって「繰り上げ返済」のルールが違い、１万円から返済できるものもあれば、50万円以上のまとまった金額でないとできない場合もあります。手数料も無料のところから、数万円かかるところまであり、窓口での手数料なら○万円かかるが、ネット上での手続きなら無料など、本当に様々です。

　もし繰り上げ返済をマメに行うつもりなら、住宅ローンを選ぶ際に最低いくらから繰り上げ返済ができるのか、その際の手数料はいくらなのか、についてもチェックしてお

第４章
〜お金からみた「住まい」
マイホームはあったほうがいい？

147

きましょう。

「借り換え」も大きな節約効果があってオススメです。
　住宅ローンの返済期間が10年以上、乗り換え前と後の金利差が1％以上、ローンの残高が1,000万円以上、が借り換えでトクする条件と言われていますが、必ずしもこの3つを満たさないといけないわけではありません。
　いまの住宅ローン金利（固定金利）より低い金利の商品を見つけたら、金融機関で借り換えのシミュレーションをしてもらうといいでしょう。諸費用を引いてもトクするようなら、借り換え実行あるのみです。
　そのためには、定期的に住宅ローン金利をサイトでチェックしておきたいですね。

リーズナブルな「中古住宅」という選択肢もアリ

「多額の住宅ローンを背負うことにプレッシャーを感じる」「頭金を払うために貯金が減るのはなんだか不安」そういった戸惑いを感じる人は、新築ではなく中古住宅も検討してみましょう。

　中古住宅のメリット・デメリットは次ページの表の通りです。

中古住宅のメリット・デメリット	
メリット	・一般的に価格が安い ・実物が見られる ・建物を多少汚しても気にならない ・完成しているのですぐに住める ・リフォームをしても、新築より低コストで済む
デメリット	・傷や汚れがあり、設備が古い ・早期にメンテナンス費用が必要となってくる ・建物の見えない構造部分に不安がある ・アフターフォローの体制が整っていないことが多い ・建築時期により、耐震性能に不安がある ・建て替えの場合には解体費用が必要となる ・住宅ローン借り入れ、審査が新築住宅よりも厳しくなる

なんといっても中古住宅の魅力は価格の安さです。

国土交通省の調査によると関東大都市圏の新築住宅購入平均額は3,936万円ですが、中古住宅の平均購入額は2,795.6万円。中古のほうが新築より3割ほど安くなっています。

さらに表にはありませんが、中古住宅の売り主が不動産業者ではなく個人の場合、消費税がかからないというメリットもあります。

物件価格が2,000万円の場合、消費税8％なら160万円、10％にアップしたら200万円節約できるということ。この浮いたお金で仲介業者への手数料の支払いやリフォームを行うことができますね。

中古住宅で一番心配なのは、やはり建物や設備の古さで

しょう。見えない部分の老朽化が進んでいて、後で多額の
リフォーム費用が必要になった、なんてことになったら大
変です。けれど素人が住宅状況を正確に判断することは難
しいものです。中古住宅の購入は、ここが大きなリスクで
した。

　しかし最近はそれも改善されつつあります。それはホー
ムインスペクション（住宅診断）というサービスが普及し
てきたこと。
　これはホームインスペクター（住宅診断士）という専門
家が、住宅の劣化状況、欠陥の有無、改修すべき箇所やそ
の時期、おおよその費用などを見極め、アドバイスを行う
というもの。
　このサービスを利用することで、中古住宅の購入のリス
クも小さくなってきました。

　総務省によると、空き家は年々増加していて、2013年
の空き家率は13.5％でした。日本全体でみると7〜8軒
に1軒の割合で家が空いているということ。
　この状況を是正するため、国土交通省は中古住宅の流通
促進・活用の整備を進めています。

　これからは安くて質の良い中古住宅が増えるかもしれま
せん。マイホームの購入にムリをしたくない人は、ぜひ検
討してみるといいでしょう。

COLUMN

人生の3大資金をちょっとずつ
予算カットのススメ

「人生の3大資金」という言葉があります。

これは人生でもっともお金のかかるライフイベントの資金トップスリーのことです。具体的には「住宅資金」「教育資金」「老後資金」の3つを指し、それぞれ何千万単位のお金になります。

気をつけたいのはそれぞれが独立しているわけではなく、家計の中でリンクしているということ。

住宅資金に家計の大半をつぎ込めば、教育資金が足りなくなるかもしれません。住宅資金と教育資金を無事に払い終えたとしても、老後の貯蓄は心細くなっているかもしれません。3大資金のシワ寄せはいつも老後資金にきます。

気がついたら定年後の生活費が全く足りない、そんなふうに3つはリンクしているのです。

住宅ローンを払ったり、子どもの学費を払ったり、家庭を持つと目先の生活費のやりくりで忙しくなるでしょう。

それとは別に、3大資金がいつ頃、どれぐらい必要になるのか、人生の予算配分を考えておくことが必要です。

そこでオススメしたいのが、それぞれをちょっとずつ予算
カットする方法。

　住宅資金であれば、家計からムリなく払えるローンの金額
を1割下げてみませんか？
　新築住宅ではなく、中古住宅をリノベーションしてみては
どうでしょうか？
　親に二世帯住宅を提案して、住宅資金の負担を減らすのは
どうでしょうか？
　子どもが小さいうちは家計に余裕がある時期。本当に必要
な習い事だけにしませんか？
　子どもを中学から私立に行かせたいと考えているなら、高
校から私立にしてみませんか？
　大学の教育費の一部を奨学金にして、卒業後に自分で払わ
せていくのはどうでしょうか？

　こうしてそれぞれ少しずつカットした予算を残し、最後の
老後資金に余裕をもたせるのです。

　「中古の家に住み、公立中心の教育では子どもがかわいそ
う！」と思う人もいるかもしれませんね。けれどキレイな家
に住んでいても日常生活に余裕がなかったり、貯蓄の少ない
老親の面倒をみなくてはいけなくなる子どものほうが、よっ
ぽどかわいそうです。

　人生を左右する3大資金、うまく配分していきたいですね。

第5章

生涯おひとりさまってどうなの？
〜お金からみた「シングル」

シングルは、時間やお金を自由に自分のために
使えることが魅力ですが、デメリットやリスクもつきものです。
シングルライフを楽しむために知っておきたいこと、
備えておきたいことをお伝えします！

シングルという生き方、
それは自由？　それとも孤独？

　厚生労働白書の予測によると、2035年の女性の生涯未婚率は19.2%になるそうです。

　つまり5人に1人はおひとりさまの時代になるということ。2010年は10人に1人だったので、25年で倍になるということです。

　ちなみに男性は5人に1人から3人に1人になります。生涯独身（シングル）という生き方は男女ともに増えていて、かなり身近なライフスタイルになっているのです。

　「結婚」や「子ども」の章でも触れていますが、夫も子どももいないシングルのよさは、とにかく「自由」であること。

　自分の人生を自分のことだけに集中して生きることができます。

　仕事のあと疲れているのに家族の夕食を作ったり、子どもをお風呂に入れたり、ということはありません。自分で稼いだお金を住宅ローンの返済や子どもの教育費に回し、自分の好きなことには使えない、ということもないのです。残業も転勤も転職も、ほぼ自分の都合だけで判断でき、仕事にも趣味にも没頭することができます。

　妻なのだから、母なのだからと、束縛されることがない

154

ため、「人付き合い」においても自由です。夫の親戚やママ友の世界とも交わることがなく、プライベートで必要以上に気を使い、神経をすり減らすことはないでしょう。

こんなに気楽でメリットが多くては、「とてもこの生活をやめられない」という気持ちもわかる気がします。

しかしプロローグでも書いたように、自由すぎても幸せを感じられず、迷い悩んでしまうのが人間というもの。今度はシングルのデメリットやリスクを考えてみましょう。

まず収入において頼れる人、扶養してもらえる人がいないため、一生自分で稼ぐことが必要になります。収入源がひとつなので、ケガや病気で働けなくなる経済的ダメージは、結婚している人よりかなり大きいでしょう。

いま実家で過ごしている人も、いつかは自分が世帯主になることを覚悟しなければいけません。場合によっては、将来親を扶養し、病気や介護の費用も払うことになる場合もあるのです。

仕事では「仕事に専念できる身軽さ」をあてにされ、他の人より残業を任されやすく、転勤においても候補者に挙がりやすい立場です。人生において仕事にあてる時間が多いため、職場のストレスも家に持ち込みやすいかもしれません。

「孤独」をシングルのデメリットにあげる人も多いですね。

第5章

〜お金からみた「シングル」

生涯おひとりさまってどうなの？

特にひとり暮らしをしている場合、仕事のあと暗い部屋に帰る寂しさや、体調が悪く寝込んだときの心細さは、体験した人にしかわからないでしょう。会社以外の人間関係や交流する世界が広がりにくいのも気になるところです。

家計の面では、結婚している人よりお金が貯まりやすいという優位性があります。子どもの教育費はかからず、実家暮らしを続ければ住居費もかかりません。

けれど貯蓄や節約へのモチベーションが低く、結婚や出産など大きなお金を使う機会もないため、お金の貯め方、使い方にメリハリもないのです。ひたすら貯める、好きなだけ使う、といった一方向に偏った人も意外といます。

シングルの「気楽さ自由さ」を謳歌するならば、どれも仕方がないことでしょう。けれど、5人に1人がシングルという時代になれば、こういったリスク、不安や不便さは小さくなっていくかもしれません。生涯おひとりさまという生き方が、いままでと違い、メジャーになっていくからです。

たとえば職場や地域単位でシングル同士の互助会ができたり、専門のＳＮＳで人脈を広げて交流しあえたり、シングルに特化した保険や生活サポートサービス会社ができたりするかもしれません。

世の中の多数派になれば社会がよりシングル向けに変わっていくため、いまより快適になる可能性はあります。

シングルのまま実家暮らしをする リスク

もし結婚せずに実家暮らしを続けると、どんなメリット・デメリットがあるのでしょうか？

メリットとしては貯金が貯まる、家事をやってもらえる、孤独を感じないということがあります。働いているうちは仕事に専念でき、自由に使えるお金が多く、とても快適な生活かもしれませんね。

デメリットとしては、結婚相手がみつかっても家を出ることを反対されたり、親の経済力がなくなったときは生活レベルが下がったりすることです。親の介護が始まると、どっぷり面倒をみなければいけない状況になる場合もあります。

そうなってから「やっぱり家を出て自立したい」と思っても、すでに自分の年齢やキャリアに限界がきていたり、人間関係のしがらみがあったりして、独立したくてもできないかもしれません。

元気な親も確実に年老いていき、快適な生活も永遠には続かないもの。いまのうちに将来のこともきちんと考えておきたいですね。

「こんなに世話になったのだから、たとえ結婚しても同居したいし、親の介護もやるつもり」という覚悟があるの

第5章 生涯おひとりさまってどうなの？ 〜お金からみた「シングル」

なら、このまま同居でいいと思います。サポートする側とされる側が交代するだけで、無理に家を出る必要はありません。

　そうした場合、同じ家に長く住むことになるので、バリアフリーなどのリフォーム費用や二世帯住宅に建て替える場合の貯金をいまからしておくといいでしょう。

　いつかは家を出たい、親に頼らず生活したい、というのであれば、すぐにでも自立の準備をしましょう。

　まずは自分の生活費を自分でまかなえる収入額を計算します。足りないようなら稼ぐ力をアップする自己投資や資格取得をしておきましょう。

　より条件の良い転職を考えてもいいかもしれません。お金が貯まりやすい環境を生かすことができれば、貯蓄額もさらにアップします。

　家事生活能力も身につけたほうがいいので、週末は掃除や料理を積極的に行うといいでしょう。

　２～３年は準備するのに時間が必要なため、取り掛かりは早ければ早いほどいいのです。

　そしてなんといっても次の住まいの確保が必要。

　マイホームを取得するのか、アパートを借りるのか、それともシェアハウスか……必要な金額を見積もり、じっくり希望物件を探しておきましょう。

＊押さえておきたいキーワード＊

シェアハウス

ひとつの住宅を数人でシェアするという居住形態のこと。トイレやバスなどの設備は共用になっているケースが多い。いざという時に助け合える仲間が得られる、1人暮らしに比べて家賃が安いなどのメリットがある。一方、プライバシーが完全には守られず、共同生活上のトラブルが発生することもある。

マンションを買う場合のメリット・デメリット

シングル女性がマンションを買うことも珍しくなくなってきました。リクルート住まいカンパニーの「首都圏新築マンション契約者動向調査2014年」によると、契約者全体からみるシングル女性の割合は4.6％（男性5.2％）です。それなりに多い数字ですね。

どのようなマンションが買われているかというと、通勤しやすい利便性の高いエリア、30〜50平米程度の広さ、間取りはワンルームから2LDKまでのコンパクトなものです。2LDKあればシングルには十分な間取り、子どものいない夫婦（DINKS）にも向いています。価格は場所や広さや築年数に左右されるため、1,000万円台から3,000万円台まで幅があります。

リクルート住まいカンパニーの同調査によると、シングル女性の50.6％が東京23区内で購入していて、都内への

こだわりが強いことがわかります。23区内で広さもほしいとなると、3,000万円以上必要なことも多く、住宅ローンの負担は重くなるでしょう。

　それでもシングル女性向けローンを扱う銀行も増え、住宅ローンは歴史的な低金利という、今、購入したい人には追い風の環境になっています。
　「消費税が上がる前に思い切って買ってしまおうか」「早く買って長いローンにしたほうが毎月の返済は楽かも」そう考えてもおかしくありません。
　居心地の良いステキなマンションを買い、生活に潤いと安心をもたらし、仕事へのモチベーションを高める、それが家を買う一番のメリットですね。

　では、デメリットやリスクはどうでしょうか？

　自分が病気やケガで働けなくなったり、急なリストラにあった場合、ローンの返済が滞る可能性があります。経済的なリスクはかなり大きいと覚悟しましょう。
　また、コンパクトな広さのため、住宅ローン控除は使えないかもしれません。この控除には「床面積50平米以上」という要件があるからです。税制上のメリットはあてにしないほうがいいですね。

　結婚や出産といった予想外のことがあってライフスタイルに合わなくなり、引っ越すということも考えられます。すぐに売却できれば問題ありませんが、それがムリな場合、

160

新しい家のローンとこのシングル向けローンの2つを払わなければいけません。

これらのデメリットを回避するためには、やはり自分の好みよりも、売却しやすい、または賃貸しやすい物件を選ぶことです。

コンパクトなマンションですから、売るにしても貸すにしても相手はシングルかDINKSになります。駅や繁華街から近く、住宅の設備や仕様が充実、セキュリティーもしっかりしているなど、この層が好む利便性・機能性を満たすマンションを選ぶといいでしょう。

さらにローン滞納のリスクを減らすためには、いざという時カバーできるよう貯蓄を多めにする、なるべく頭金を増やして借りる金額を減らす、といった方法が考えられます。ある程度、自分のキャリアやライフプランが見通せる、40歳以降に購入するというのもひとつの方法ですね。

不動産は良くも悪くも動かしづらく、ライフプランの変化に柔軟に対応できるものではありません。住まいが固定されてしまうことは、人生の選択肢を狭めてしまう可能性があるのです。

マイホームがライフプランのお荷物にならないようにするには、事前に色々考え、リサーチすることが重要です。

第5章

〜お金からみた「シングル」

生涯おひとりさまってどうなの？

3大不安「健康・お金・孤独」はどうする？

オンナひとりで生きていく。シングルのそんな力強さと潔_{いさぎよ} さの裏にあるのが、「健康・お金・孤独」に対する３大不安です。

自由で気楽なおひとりさま生活を楽しめるのも、健康で体力があり、それなりの収入があって、助け合う人間関係があればこそ。病気がちで自分の生活費を稼ぐことができない、収入があっても不安定で赤字続き、病気やケガや災害時に助けてくれる人がいない、といった人はシングルライフを続けることは難しいでしょう。想定外のトラブルがあれば、すぐ行き詰まることになります。

よって、この３つに備えることが重要なのですが、どう備えたらいいのでしょうか？

まず健康に関してですが、シングルは不健康になりやすい素地があります。一般的に外食が多く、自由であるがゆえ、夜更かしなど生活が乱れやすくなります。若いうちは元気でいられても、35歳のカラダの転機がくれば、いままでのツケが出てくるかもしれません。そうなってからでは遅いのです。

若いうちから暴飲暴食や喫煙を控え、規則正しい睡眠をとるなど生活を整えておきたいですね。シングルライフの

大前提である健康をキープするには、ちょっとした生活習慣の改善が大切です。

お金に関してはどうでしょうか? 生涯賃金の多い正社員として働くことが望ましいのは、言うまでもありません。正社員以外の働き方でも、自分の生活費をまかなえ、手取りの1割〜2割が貯蓄できるなら構わないでしょう。

老後のためにどれだけ貯めておけばいいかは、次の項で詳しく説明しますが、お金の面で何より怖いのは、病気やケガで働けなくなり、収入がストップすること。そして医療費などで支出が増え、貯蓄がみるみる目減りすることです。

これらの心配をカバーするため、世の中には「保険」というものがあります。保険といっても万が一のときに遺族がお金を受け取る「死亡保険」ではなく、シングルに必要なのは「医療保険」のほう。医療保険とは入院したら1日いくら、どんな手術をしたらいくらと、一定の金額がもらえる保険です。治療でかかる臨時費用の負担を軽くするために入ります。

もうひとつ同じような性質の保険に「所得補償保険」や「就業不能保険」というものがあります。これは、病気やケガで働けない状態になったとき、働けない一定期間の生活費を補うためのものです。

収入が途切れても日常の食費や光熱費、家賃といったものは払わなければいけませんよね? この保険は一定のル

第5章

〜お金からみた「シングル」

生涯おひとりさまってどうなの?

163

ールのもとお給料のように毎月いくらという形でお金を受け取れます。主に一家の大黒柱や自営業者などが入りますが、働けないリスクが大きいシングル女性にも向いています。

　また、老後の生活費のために、貯蓄性の保険として、「個人年金保険」に加入するシングル女性も多いようです。

　いざ収入がストップして困ったときや老後の生活に備えて、「貯蓄」以外の方法ではこういった「保険」が役立つかもしれません。

　そして「孤独」への対処は、普段の人間関係がものをいうことを意識しましょう。親はいつかいなくなりますが、親以外にもっとも身近で大切な存在は友達です。しかも同じ境遇のシングル女性なら、いざという時に助け合え、心情を理解し合い、ある意味、親より大きな存在になるかもしれません。私の友達のシングル女性は、将来同じ老人ホームに入る約束をしている仲間が何人もいます。

　シングルの良さに「時間」と「人付き合い」の自由がありました。同じ職場や共通の趣味で知り合った人、同じ地域に住んでいる人、学生時代の友達など、ぜひいまある縁を大事にしてくださいね。
　結婚している人は嫌でも夫や子どもの世界と接触があるため、知らず知らず人間関係が広がっていきます。シングルはこの点でどうしても不利になるため、意識的にかかわる世界を広げたほうがいいのです。

ひとりの老後が不安なら
これだけ貯めよう

　「老後破産」や「下流老人」といったネガティブな言葉が流行っているせいでしょうか。若い女性から「とにかく老後が心配。いくら貯めればいいのか」という質問をよく受けます。

　特にひとりの老後が不安なようです。その場合、いったいいくらお金を用意しておけばいいのでしょうか。個人差が大きいので難しい問題ですが、全国統計を使ってその目安を出してみました。

　まず支出。総務省の統計によると、65歳以上の女性単身世帯の消費支出（月平均）は14万8420円。これが毎月かかる生活費になります。90歳まで25年間かかるとすると合計4,500万円ほど。
　一方、収入は厚生労働省の統計によると、現在65歳の女性の厚生年金受給額（月平均）は10万9314円。25年間もらえると考えると、合計3,300万円ほどです。
　出ていくお金が4,500万円で、入ってくるお金が3,300万円、赤字は1,200万円です。これが自分で用意しておきたい最低限の金額と考えます。

　「あら？　思ったほど多くない。もっと何千万円もかかると思っていた」という印象を受けるかもしれませんね。

第5章
〜お金からみた「シングル」
生涯おひとりさまってどうなの？

165

はい、そうなんです。実は家計調査消費支出の内訳をよくみると、住居費は1万2,970円、保健医療費は8,248円しかかかっていません。持ち家に住み、比較的健康な生活をしている高齢女性が多いようです。

65歳以上の単身女性生活費内訳（月額）

単位：円

項目	金額
食料	32,636
住居	12,970
光熱・水道	13,675
家具・家事用品	5,581
被服及び履物	5,957
保健医療	8,248
交通・通信	11,165
教育	0
教養娯楽	16,386
その他の消費支出	41,804
合計	148,420

※平成26年度　総務省家計調査より筆者作成
※合計額は各項目の合計と一致しない

となると、もう少し余裕をもって見積もりしておきたいもの。賃貸なら一生家賃がかかりますし、病気や介護でもう少しお金がかかるかもしれません。消費支出に毎月3万円ほど上乗せして計算すると、老後資金は2,100万円必要になります。毎月6万円上乗せなら3,000万円です。

あなたが何をどこまで心配しているかによりますが、用意しておきたい老後資金は1,200万円〜3,000万円。でき

れば2,000万円はほしいですね。

　「65歳までに2,000万円、それはムリ……」と悲観する前に、正社員の人はまず自分の会社の退職金を調べてみましょう。
　東京都の統計によると、中小企業の退職金の平均額は高卒で1,148万円、大卒で1,276万円です。大企業であればもっと高額になるでしょう。この数字は男女合わせての平均ですが、定年まで勤めれば約1,000万円もらえる可能性があります。

　となると、自分で用意するのは残りの1,000万円です。老後のために財形年金や銀行の自動積立などを利用して、毎月2万円貯めていきましょう。35歳から始めたとしても65歳までの30年間で720万円貯まります。毎月3万円なら1,080万円になります。
　これを年平均1％で運用したとしたら720万円は840万円に、1,080万円は1,260万円ほどに増えます。決して実現不可能な金額ではないのです。

　退職金の出ない派遣社員など非正規で働いている人は、もう少し努力が必要ですね。いまの生活を見直し、節約を徹底してさらに貯金額を増やしましょう。
　35歳から毎月4万円を貯めれば65歳で1,440万円になり、最低限必要である1,200万円をクリアできます。そしてこれを1％で運用したら1,680万円までに増え、目標とする2,000万円に近くなります。

第5章
〜お金からみた「シングル」
生涯おひとりさまってどうなの？

今後は少子高齢化や労働力不足、年金財政の関係で定年が70歳にまで延びていくことが想定されます。そのため、健康ならば長く働き続けることになるでしょう。そうなると、いままで計算した金額も変わってきます。

　つまり、あなたがいまやるべきことは、自分の会社の退職金制度を調べること、家計を見直して貯蓄を増やすこと、資産運用の勉強を始めること、将来の病気や介護のリスクを減らすためにいまから健康に気を配ること、の4つです。
　それ以外のことをいまからあれこれ悩んでも仕方がありません。老後のためにいまを生きるのはつまらないことです。ぜひ、この4つを意識し、生産的に悩んでくださいね。

COLUMN

人生は思い通りにはいかない！
それでも計画を立てる理由

　35歳をひとつの締切として、自分のライフプランを考えることを勧めてきました。

　主体的に人生を歩みたいなら、ある程度の計画性が必要、お金の面も考えたプランニングです。

　どのような考え方があり、どのような選択肢があるのかを、第1〜第5章で示してきました。「思っていたより選択肢が多いのね」とワクワクした人もいれば、反対に「結局どうしたらいいのかわからない」と途方にくれた人もいるかもしれません。「計画を立てましょう」と一言でいっても、なかなか難しいものです。

　そして必ずしも思い通りにはいかないのが人生というもの。私も46年生きてきましたが、働き方も住まいも子どもも、20代の頃思い描いていたものとは全然違う結果になりました。いまでは「人生なんて思い通りにいくほうが珍しい」と思っています。

　「だったら流されるままに生きても同じでは？」と思うかもしれませんね。それでも、ざっくりと計画を立てたほうがいいのです。それは色々考えた末に自分で選んだことなら、結果に対する「責任」と「覚悟」が生まれるから。

169

「責任」と「覚悟」があれば、どのような人生になっても納得が得られるでしょう。予想外の結果に対し「仕方がない」と残念に思うことはあっても、「こんなはずじゃなかった」という激しい後悔は生まれません。「主体的に生きる人生」とは、こういうことを言うのではないでしょうか。

その上でもうひとつ付け加えたいのが「計画に対する柔軟性」です。

その時々の状況に応じ、考えていた選択肢が変わることがあります。「マイホームを買うつもりだったけど、やっぱり賃貸のままでいく」「子どもは1人でいいと思っていたけど、やっぱり2人ほしい」「独立開業するつもりだったけど、やっぱり会社員を続けることにした」などです。

うまく説明できなくても、合理的根拠がなくても、変えたいと思ったら選択肢は変えていいのです。世の中には本能的な判断に従ったほうがよいことも多くあります。ただし、変更に対してお金の面での現実的な対策は必要ですけどね。

自分に稼ぐ力があり、それなりに貯蓄もあれば、人生の方向転換もなんとかなるものです。

自分で決断したことに「責任」と「覚悟」があり、それに「柔軟性」をもって取り組めれば、あなたの人生は、きっといまよりもっと明るく素敵なものになっていくでしょう。

第6章

先のことはわからない！
いま取り組むべきことは？

人生の選択肢を広げるには、自由になるお金が必要です。
お金を貯める方法・増やす方法を知って、
お金にコントロールされるのではなく、
お金をコントロールする側になりましょう！

お金を増やす方法は３つしかない

　自由になるお金が多いほど、人生の選択肢は広がりますし、途中で変えることもできます。

　その一方で、お金がなければ自由が狭まり、選びたい選択肢を選べないこともあります。

　「選べるけれど選ばない」のと「選びたいのに選べない」のでは心理的に大きく違いますよね。前者のほうがずっと自由で、人生の満足度も高いはず。

　まだ今後の自分の人生が見えない女性も多いでしょうが、いますぐに取り組むべきことだけはハッキリしています。それはどんな選択肢でも選べるように、しっかりお金を稼いで、貯めて増やしておくこと。

　これはお金にコントロールされるのではなく、コントロールする側になるステップです。そのために必要な考え方と方法をこの章で説明していきます。

　それほど難しいことではなく、お金を増やす方法はシンプルにこの３つしかありません。

　　①　収入を増やす
　　②　支出を減らす
　　③　資産を運用する

一番わかりやすく、取り組みやすいのは②の「支出を減らす」でしょう。いわゆる節約ですね。とにかくなんでもかんでもガマンすればいいわけではなく、節約の方法と効果を考えて取り組みます。

一番実行しにくいのは③の「資産を運用する」でしょうか。元手（投資資金）が必要ですし、最低限の勉強もしなくてはいけません。基本的なことだけ後述しますので、興味が出たら、もっと詳しい本を読んでみてくださいね。

①の「収入を増やす」はイメージしにくいかもしれません。昇給もボーナスも会社しだいなのだから、副業でもしない限り自分では増やせないと思っていませんか？

これは長い目でみたキャリアアップのことです。仕事を通じて高いスキルを身につけたり、経験を積んでマネジメントする立場になったり、難しい資格を取ったりすることによって、労働市場での自分の価値を上げていく戦略です。

日本でも実力主義が浸透してきたので、キャリアアップにより年収を上げることが可能になってきました。会社によっては資格手当がつくこともあります。他社でも評価される力を身につければ、もっと条件のよい会社へ転職することもできるでしょう。

「この3つのうちどれをやればいいのですか？」とよく聞かれますが、どれも大事でひとつひとつがそんなに難しいことではありません。全部合わせ技でいきましょう。

つまり毎日のお仕事を頑張りながら、身の丈に合ったシンプルで堅実な生活をし、収入の一部を投資に回すということ。残念ながらカンタンにお金を増やす近道はありません。それでもちょっとしたコツを覚え、少し意識を変えるだけでお金の流れは変わります。

いままで自分から離れ気味だったお金の流れを自分にとどまるように、いえ、できればどんどん還流するようにしたいですね。

ぜひお金に愛される女子になって、人生の選択肢を増やしていってください。

稼ぐ力をアップさせる！「教育訓練給付制度」を使う

「もっと知識やスキルを高めたい」「稼ぐ力をアップさせたい」、そんな人に役立つのが雇用保険の「教育訓練給付制度」です。

これは雇用保険に3年以上加入しているなどの条件を満たす人が使える給付制度です。

厚生労働大臣が指定する教育訓練講座を受け、ハローワークで手続きをすれば、かかった経費の20％（上限10万円）がもらえるというもの。費用の一部を負担することにより、働く人の能力開発、キャリアアップを国が支援するのです。

そして2014年10月からこの制度が拡充されました。従来の「一般教育訓練の教育訓練給付金」に加えて、「専門実践教育訓練の教育訓練給付金」ができたのです。

専門実践教育訓練とは、その名の通り中長期的なキャリア形成のための、より専門的・実践的な訓練です。たとえば看護師や調理師、社会福祉士や栄養士などになるため、養成施設や専門学校等で1年以上かけて勉強します。

利用できる人は雇用保険に10年以上加入など、一般教育訓練より条件が厳しくなります。けれど給付割合は20％から40％（年間上限32万円、最大3年間）に引き上げられ、受講後に資格取得をして1年以内に就職した場合は追加支給（給付割合合計60％、年間上限48万円）まであります。

さらにオマケとして「教育訓練支援給付金」というものもあります。利用できるのは、専門実践教育訓練給付金を受け取れる人で、年齢は45歳未満、離職中の人。1年以上かかる教育訓練中の生活を支えるための給付です（ただしこれは平成30年度まで）。

「チャレンジしたいけれど目先のお金も必要」と、いままで経済的な理由で二の足を踏んでいた人には、いいキッカケになるのではないでしょうか。

第6章

先のことはわからない！いま取り組むべきことは？

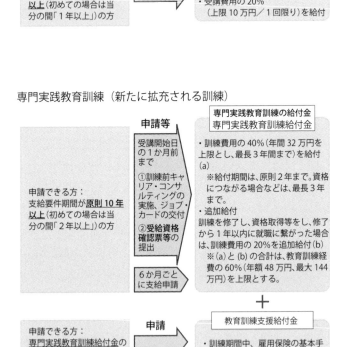

※厚生労働省ホームページより

「一般教育訓練の給付金」と「専門実践教育訓練の給付金」、この2つの給付金、どう使い分けたらいいでしょうか?

たとえば、いまの仕事に生かすため「eラーニングで英会話を学ぼう」「通信教育で簿記の資格をとろう」いった場合は「一般教育訓練の給付金」になります。給付割合は20%なので、かかった経費が10万円の場合、2万円もらえるということ。

「もう一度じっくり専門知識を学びたい」「保育士の資格をとって転職したい」といった大きなキャリアチェンジをする場合は、「専門実践教育訓練の給付金」のほうです。給付割合は40%と倍になり、50万円かかった場合、20万円もらえることになります。

給付割合で一見おトクにみえる専門実践教育訓練、本当におトクなのでしょうか?

こちらは元々かかる費用が大きいですし、1年以上かけて学ぶことになるので、よほどの決意と努力がない限り、続けるのは難しい訓練です。途中で挫折すれば、そこで給付金も打ち切られることになります。おトクかどうかは、「最後までやりきれるかどうか」にかかっています。

受講前に受けるキャリア・コンサルティングで「自分が本当にやりたい仕事は何か」「学んだあとこの知識をどう活かしたいのか」、もう一度よく整理しておくといいでしょう。

第6章
先のことはわからない!
いま取り組むべきこととは?

節約はグループ分けして 「固定費」から切り込む

　「節約」と言うと「安い食材でお弁当を作り食費を浮かせる」とか「休暇は遠出せずに図書館で過ごす」といった、少々せつないイメージをもつ人が多いようです。たしかにすぐ始められますし、気合さえあれば続くでしょう。

　反対にいうと気合がなくなれば、いつの間にか止めていたと言うことになります。なんとも心細い方法ですよね。

　確実で効果的な節約をしたいなら、まずは家計を「変動費」と「固定費」のグループに分けることです。

　「変動費」とは毎月の支払いが発生したりしなかったり、金額が多かったり少なかったり、なにかと変動する費用のこと。たとえば食費や交際費、レジャー費、衣料費、美容費などがあります。これらは手元のお財布から現金で払うことが多いのではないでしょうか。

　一方「固定費」は、毎月ほぼ同じ金額がかかるもので、通信費、生命保険料、家賃、水道光熱費、ＮＨＫ受信料、新聞代などがあります。こちらは口座引き落としで自動的に払っているものが多いのです。

　節約はこの固定費から切り込むのがポイント。少額でも減らせれば、毎月自動的に引き落としが減り、長い目でみると大きな節約になるのです。

たとえば生命保険料を毎月2,000円減らすことができた
ら、年間で2.4万円（2,000円×12ヶ月）、30年間で72
万円（2.4万円×30年）も節約できます。

以下、節約する際のポイントをそれぞれまとめてみまし
た。

① 通信費
　通信会社のホームページで、携帯、スマホの最新料金プ
ランをチェックしましょう。契約した時にはなかった新し
い割安プランが出ているかもしれません。
　家の固定電話とセットにすることで割引を受けられたり、
ガラケーとタブレットを組み合わせたほうがスマホより安
い場合もあります。通信会社は競争が激しいため、値段と
サービスがユーザー有利に進化しています。見落とさない
ようマメにのぞくといいでしょう。

　オススメはSIMカードと低価格の端末をセットで売る
「格安スマホ」です。2014年春にイオンが始めてから、楽
天やビックカメラなどが参入し、あっという間に市場が広
がりました。
　わが家でも1台使っていますが、毎月約7,000円かかっ
ていたスマホ代が約3,000円になりました。たしかに安い
分、一部機能に制限があります。けれど電話をあまりかけ
ない、動画もあまり見ないというライトユーザーには、ほ
とんど不便を感じません。

第6章
先のことはわからない！
いま取り組むべきことは？

【格安スマホのメリット・デメリット】
メリット
・基本料金が安い
・料金体系がわかりやすい
・2年しばりの契約がない
デメリット
・スマホ独自のメールアドレスがない
・データ通信の容量が少ない
・通話料が高い（30秒20円など）
・実店舗でのサービスが不十分

② 生命保険料

　なんとなくお付き合いで、内容もよくわからない高額な生命保険に入っている人はすぐに見直しましょう。

　健康保険には「高額療養費制度」というものがあり、医療費が一定額以上かかると超過部分が戻ってきます。
　あらかじめ手続きをしておけば、最初から自己負担部分だけ支払うことになります。大手の会社に勤めていれば独自の給付金などもあり、自己負担となる金額はさらに少ないはず。まずは自分が利用できる会社の制度をチェックしましょう。
　あとは突然のケガ・病気のために最低20万円ほどを貯蓄しておきます。

　新たに保険に入るときは、会社の団体保険や業界が運営する共済などから検討しましょう。ネット通販の保険料も

安いのですが、それよりもさらに安く、内容が充実していることが多いのです。

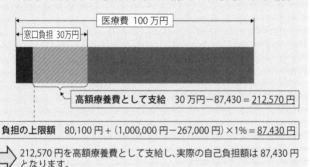

※厚生労働省ホームページより

③　家賃

手っ取り早く節約するには、もっと家賃の安い部屋へ引っ越すことです。

その場合、一般的な賃貸アパートよりも安い「シェアハウス」を検討してみましょう。

でも、共同生活はちょっと苦手、今の部屋が気に入って

いる、一時的にかかる引っ越し代や敷金礼金が払えない、という人は、不動産屋さんに家賃値引きの交渉をしましょう。

人気のエリアで満室のアパートの場合は、難しいかもしれませんが、少し不便な地域で空き部屋があるような場合は、借りている人の立場が強いので試してみる価値はあります。

まずはネットでいま自分が住んでいるアパートの家賃をチェック。

自分が払っている金額より安くなっていれば、それを理由に下げてほしいと交渉します。あとは契約更新のときに「家賃を下げてくれなければ退去するかもしれない」と言ってみましょう。

私の知り合いは、この方法で毎月の家賃が2,000円安くなり、年間で2.4万円（2,000円×12ヶ月）節約することに成功しました。

④　水道光熱費

電気、ガス、水道といった公共インフラの会社は、無料の会員サイトを運営しているところが多く、まずはそこに登録してみましょう。会員サイトを活用することで、マメにスイッチを切る、利用を抑えるといった不便な思いをせずに節約できるかもしれません。

サイトでは名前や住所に、検針表や領収書に載っているお客様番号などを入力します。登録が完了すると、ネット

で過去の使用状況や料金を見ることができます。グラフ等で表示されるため、自分の使用状況がよくわかり、節約意識を高めることができます。

　そしてそのサイトで、自分が使えそうな割引プラン、割引メニューがないかを探しましょう。
　たとえば東京電力の会員サイト「でんき家計簿」では、従来の料金プランのほかに「朝得プラン」「夜得プラン」「半日お得プラン」「土日お得プラン」の４つがあります。どのプランが自分に合っているかシミュレーションすることもできます。いまより割安なプランをみつけたら、そのままサイトで変更の手続きをしましょう。
　ちなみにわが家はガス給湯器、ガスコンロの他にガスファンヒーターも使っているため、京葉ガスの割引メニュー「ホットほっと」と割引プラン「まる割」を使っています。年間で3,000円ほどの節約につながりました。

　2016年４月から電力自由化が始まります。携帯電話やガス、ケーブルテレビ等とセットにすることで、電気料金が安くなるかもしれません。これから順次発表されていきますので、気をつけてニュースを見ておきたいですね。

⑤　NHK受信料や新聞代など
　そのほかNHK受信料や新聞代など毎月払っているものは、前払いができないかを確認してみましょう。
　ＮＨＫ受信料の支払いは２ヶ月払いと６ヶ月前払い、12ヶ月前払いの３つのコースがあります。振込用紙で２ヶ月

毎に支払う場合と口座振替等で12ヶ月前払いした場合で比べてみると、口座振替やクレジットカードで12ヶ月前払いすると、2,590円安くなります。支払方法を変え、前払いにするだけで年間2,590円節約することができ、10年で考えると25,900円の節約です。

　ちなみに生命保険料、火災保険料や国民年金保険料なども前払いで割引を受けられることがあります。一時的に大きな金額を払うので、手元に余裕がある人は利用するといいでしょう。

　電気代、ガス代などをクレジットカードで払うこともオススメです。支払金額に応じてカードにポイントがつきます。

　このポイントを集めて買い物ができれば、間接的に節約できたということ。クレジットカードはポイントが多くつくもの、いわゆるポイント還元率の高いカードを選ぶことが大切です。

　一般的なカードのポイント還元率は0.5％ですが、最近は1％以上のものも増えてきました。

　たとえば電気代、ガス代、新聞代、NHK受信料が年間20万円かかったとします。これをポイント還元率1％の楽天カードで払った場合、2,000ポイントがつきます（20万円×1％）。

　1ポイントが1円なので、楽天市場で2,000円の買い物ができます。口座引き落としをカード払いに変えただけで、年間2,000円もお金が浮くのです。

「先取り貯蓄のシステム化」でしっかり貯める

せっかく色々節約をしても、しっかり貯めることができなければ、結局いつの間にかお金はなくなってしまいます。職業柄、「お金が確実に貯まる方法は？」とよく聞かれるのですが、ズバリ、これしかありません。

それは「先取り貯蓄のシステム化」です。

収入 — 生活費 ＝ 貯蓄 ×
収入 — 貯蓄 ＝ 生活費 ○

お金が入るそばから一部を貯蓄に回し、残りで生活をまかなうことです。つまり「最初からなかったことにする状況」を強制的につくること。

よほど意志の強い人でない限り、このくらいのことをしなければ貯まらないのが現実なのです。

人生でお金が貯まる時期は、限られていることをご存じでしょうか？

一般的には「結婚する前の独身の時期」そして「結婚後の共働きの時期、または子どもの教育費がまだ少ない時期」、そして最後の貯めどきが「子ども独立後の定年までの時期」です。

本書を手に取る人は最初の２つのどちらかでしょう。

第6章
先のことはわからない！
いま取り組むべきことは？

貯まりやすい今の時期だからこそ、すぐにでも先取り貯蓄のシステム化を実践してください。

　先取り貯蓄のポイントは、貯蓄に回す金額にムリがないことと手間をかけず貯蓄に回すことです。
　貯蓄に回せる金額は個人差があるため、一概に「毎月○万円貯めて」とは言えません。多すぎれば生活費が足りなくなって引き出すことになりますし、少なければ手元に残って、いつの間にかなくなってしまいます。

　目安は手取りの２割です。もし手取りが20万円なら、４万円になります。
　ひとり暮らしで奨学金の返済もしているような人は手取り２割を貯蓄するのも難しいでしょう。そのときは１割でも５％でもいのです。少なくとも続けていくことが大切です。
　一方実家暮らしの人は、２割どころか３割でも４割でも貯蓄に回せるかもしれません。せめて３割は欲しいところですね。

　そして肝心のどこに貯めるかですが、「手間がかからず自動的に貯める」ことがポイントなので、天引きのできるところがベスト。もし会社に「社内預金」や「財形貯蓄制度」があれば、ぜひそれを使いましょう。
　勤めている会社にその制度が無ければ給与振り込み銀行の「自動積立サービス」を利用します。一度契約すれば毎月決まった日に、決まった金額を、自動的に定期預金に回

186

してくれます。

　財形貯蓄制度には、一般財形、住宅財形、年金財形の３つがあります。金利は特に高いわけではありませんが、給与天引きで簡単に貯められる上に、住宅財形と年金財形は一定額まで利息に税金がかかりません。

　一般財形は他の２つと違い、好きなときにお金を引き出せるのがメリットですが、引き出す際に社内の手続きが不便だったり、多少時間がかかったりします。しかし、この「めんどくささ」も実はメリット。お金を引き出すハードルをあげてくれるので、いつのまにか貯まっていることが多いのです。

財形貯蓄制度の概要

	一般財形	住宅財形	年金財形
資金の使い道	自由	住宅購入やリフォーム	老後の生活資金
積立期間	原則３年以上	5年以上	
年齢	制限なし	55歳未満	
引き出し	積立開始後1年経てば自由	必要な時	満60歳以降5〜20年の年金形式で
利子への課税	あり	元利合計550万円までなし（生命保険商品などは払込ベースで385万円まで）	

第6章

先のことはわからない！いま取り組むべきことは？

リスクをとって資産運用に チャレンジ

　資産運用とは「株で大儲け」とか「FXで1億円」などというハデなものではなく、本来は投資と預金のバランスを考え、少しでも有利にお金を働かせることです。

　いままで預金しか経験したことがない人は、すべて自己責任のリアルな儲けや損失にハラハラドキドキすることでしょう。

　運用の世界では値動きのブレ幅を「リスク」といい、投資した結果の儲けや損失を「リターン」といいます。このリスクとリターン、なるべく若いうちから慣れておいたほうがいいのです。

　リスクが少ないもの（値段のブレ幅が小さいもの）はリターンも少ない（儲けや損失の額も小さい）、リスクが大きいものはリターンも大きいという運用の常識を、時間をかけて体験するといいでしょう。

　そうすれば60代で退職金をもらった後、よくわからないままハイリスクな運用をし、大切な老後資金を大きく減らしてしまうようなことにはなりません。

　とはいえ、なるべく損はしたくないですよね。初心者はどのように取り組んだらいいのでしょうか？

キーワードは「長期」「分散」「積立」の3つ。値動きの異なる資産に、長期間積立をして、分散投資をするというやり方です。

なぜ分散投資がいいかというと、あるものの値下がりを他のものの値上がりでカバーでき、資産全体のリスクを小さくして、安定的に増やすことを期待できるから。

大儲けすることをあきらめ、大きく負けないことを目指すのです。そういった地味な戦法に向いているのが「投資信託（ファンド）」という仕組みの金融商品です。

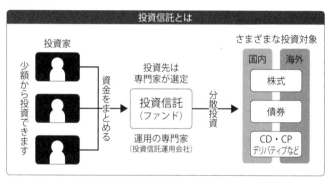

※投資信託協会ホームページより

集まった多額のお金をファンドマネージャーというプロが運用してくれます。株式や債券や不動産や金など、国内のものから外国のものまで投資対象にしています。

つまり、プロを使って少額から色々なものに投資できるのがメリット。

ただしプロだから必ず儲かるとは限らず、運用を人に任せるのでコスト（販売手数料や信託報酬といったもの）が高くなるのも気になるところ。日本で販売している投資信託は5,000以上あるので、自分の方針に合った投資信託、実績の良い投資信託をみつけるのも大変です。

　でもそれを勉強して、種類やコストを調べて、最後は自分の責任で選ぶというのが資産運用の第一歩です。いまは女性向けの入門投資セミナーもよく開催されているので、そういうものに参加してもいいでしょう。

　もし会社に確定拠出年金制度（DC）があれば、ラインナップの中にある投資信託を調べてみてください。種類は十数本でしょうから、自分で証券会社に口座をつくっていちから調べるよりも楽なはず。商品説明の資料などもすぐにみられると思います。

「お金に愛される女子」の 考え方を知る

　最後に伝えたいのは、お金と向き合う心構えの話です。
　抽象的で不思議な内容になってしまうのですが、これがなければ節約や運用のテクニックを覚えても、結局お金に愛される女子にはなれないと思います。
　ちなみに「お金に愛される女子」とは、お金が自然に集まってきて、確実に貯まっていく女性のことです。

私たち日本人は「お金の話はいやらしい」という文化の
もとで育てられました。学校で「お金の使い方や貯め方、
増やし方」などの教育を受けることはなく、お金の話ばか
りする人は「拝金主義」とか「守銭奴」などという悪いイ
メージをもたれがちです。私もこういう職業上、お金の話
ばかりしているので、お金の亡者的な扱いを受けることが
あります。

お金に愛される女子は、お金の話を「恥ずかしいこと」
とか「はしたないこと」「なるべく隠したいこと」とは思
っていません。お金は生活を支える強力なツールと評価し
ていて、「どううまくコントロールするか」を考えていま
す。実にナチュラルに正面から接しているのです。

目先のあやしい儲け話に飛びついたり、理解できない複
雑な金融商品を買ったりもしません。お金に対して自分な
りのポリシーがしっかりあり、「理解できないことは手を
出さない」「ムダだと思うことには使わない」など、使い
方や増やし方にメリハリがあります。そういった人にはお
金が安心して寄ってくるようです。

お金に好かれない人は、この逆の考え方や行動パターン
をとります。
本当はお金に対して興味があるのに、「お金は汚いもの、
いやらしいもの」と考えていますから、「羽振りのいい話」
や「儲かる話」を敬遠します。それなのに身近な人が何か
勧めてくると「よくわからないけど得するらしい」とすぐ

第6章

先のことはわからない！
いま取り組むべきこととは？

191

飛びついたりします。正面から向き合っていないので、考えと行動に矛盾が出てきます。

　お金に対し他人任せで深く考えていない人、中途半端に向き合っている人は、お金のほうからも好かれません。大切にされないとわかっているため、不安で寄りつかないようです。

　「お金ではない。世の中にはそれより大事なものがある」というのは本当です。所詮、お金はただの道具でしかありません。けれど上手にコントロールできれば、人生を輝かせる優れた道具です。一方、使い方を誤れば、人生を破滅させる凶器になります。

　まずはお金を「生活を支える道具」としてキチンと認めてあげること。そして末永く仲良くしようと前向きにとらえるといいでしょう。なにか後ろめたい感覚がある限り、お金に愛される女子にはなれないのですから。

COLUMN

ゴールはお金を貯めることではなく、 幸せに生きること

　ここまで読んできて、「結局お金がないと幸せになれない」 と思った人もいるかもしれませんね。

　いえいえ、ゴールはお金を貯めることではなく、幸せに生 きることです。そのための手段として「お金の準備をしてお きましょう。そうすれば選択肢が増えて、よりあなたらしく 生きられる」ということ。

　「幸せに生きる」とはずいぶん抽象的です。一般的には 「健康」と「生きがい」と「お金」の3つがそろうと、人は 幸せを感じるそうです。

　そして「生きがい」とはさらに抽象的な言葉ですが、要は 心が満たされているということ。なんでも話し合える友達が いたり、難しい仕事を達成できたり、熱中できる趣味があっ たり、「好きな本を読みながら美味しいコーヒーを飲む」と いった、自分にとって最高の瞬間でもいいのです。主観的な ものですから、「本人が思ったもの勝ち」なのです。

　それでもいつも何か不安をもち、悩んでいる人にぜひ伝え たいことがあります。

　それは「どうせ悩むなら生産的に悩もう」ということ。

「一生結婚できないかもしれない」と眠れない夜があるなら、思いきってお見合いパーティーに行ってみましょう。婚活サイトに登録してみてもいいし、友達に同じ趣味の人を紹介してもらうのもいいかもしれません。おとなしい草食系男子が増え、親や世間からの結婚圧力が減ったいま、自分から動かなければ何も変わりません。運命の王子さまは待っていても現れず、自分からゲットしにいくものです。

一方、「年金も少なそうだし、老後が心配」というずいぶん先のことを悩んでいる人も多くいます。私自身かなり不安ですし、みんな同じ状況なのです。それならば、いまできることをするだけ。

まずは自分の年金がいくらになりそうかを「年金定期便」を見て調べましょう。よくわからない場合、年金事務所に聞けば親切に教えてくれます。さらに老後の生活費はどのくらいかかるのか、ネットを使えばいくらでも出てきます。

あとはとにかく健康に気をつけ、長く働ける能力を磨き、いざという時に頼れる貯蓄と人的ネットワークをつくっておくこと。それ以外のことをあれこれ考えても時間のムダなのです。

日本人は「不安遺伝子（セロトニントランスポーターSS型）」を持っている割合が、世界でも突出して多く、悩むなと言っても悩んでしまうものなのです。

それならば、仕事の課題をみつけて解決法を探るように、人生の課題においても生産的に悩んでみませんか？

あとがき

「婚活（こんかつ）」「妊活（にんかつ）」「保活（ほかつ）」という言葉を初めて聞いたとき、「また大げさな」と思いました。長引く景気の低迷で就職活動が大変なのはわかるけれど、同じノリでなんでも「〜活」をつけるなんて、本当に安直な世の中だわと思っていました。

ところが今回、本書を書くに当たって色々なことを調べていると、結婚するのも、妊娠するのも、そして子どもを保育園に入れるのも、いまはこんなに難しいんだと、ビックリしました。

それぞれ活動期間が長引けばさらにお金もかかるため、これは「〜活」という単語になってもおかしくないハードなことだと思いました。

いまの女性はただでさえ仕事で忙しいのに、プライベートさえも活動すべき努力が必要になっているのです。

特に大都市に住んでいる女性は大変だと思います。経済力もあり、色々なものが手に入りやすく、世の中への情報感度も高くなるため、生き方の選択肢が無限に広がってしまいます。

結婚してもしなくても、子どもがいてもいなくても、多くのロールモデルが周りに存在し、それゆえ「結局どうしたらいいの？」とますます迷ってしまい、その上メディア

の「〜活しよう」というプレッシャーにさらされます。

　結婚するのも子どもをもつのも、それは本人の自由です。
　けれど統計をみると「結婚したい、子どもも欲しい」と言う人が多く、「でもまあそのうち」と忙しい日常に流され、気がついたら手遅れとなってしまった……ということが多いようです。

　それならば、35歳という人生の節目の前に、これは知っておいたほうがいいという情報を集め、その中で必要なものを選択してもらえばいいのではないか、そうすれば、知らなかったために後悔するということを減らせるのではないか、そう思いました。

　「好きな人と結婚して一緒に住みたいですよね？」「可愛い子どもに恵まれ温かい家庭を持ちたいですよね？」という価値観を押しつけるのではなく、「この選択肢のメリット・デメリットは何か」「この選択肢の予算はいくらか」といった理屈や数字を前面に出しました。
　現代の女性の思考には、そのほうが合うと思ったからです。

　「人生は自分で選ぶ」「ライフプランは自分で描く」とポジティブにとらえていけば、きっと道は開けます。
　あなたの迷いが少しでも晴れ、先のみえない不安が少しでも軽くなることを願ってやみません。

最後になりますが、書くのが遅い私を温かく見守ってくださり、若い女性目線のアドバイスをしてくださった、さくら舎の岩越恵子さんにお礼を申し上げます。本当にありがとうございました。

2016年1月

神田 理絵

神田理絵（かんだ・りえ）

1969年、東京都に生まれる。ファイナンシャル・プランナー、ライフ・キャリア・コンサルタント、Ｋ＆ＦＰオフィス代表、聖徳大学オープンアカデミー講師、日本経済新聞読み方講師。

法政大学法学部卒業後、総合商社にて貿易事務に携わる。その後、専業主婦を経て、会計事務所、社会保険労務士事務所に勤務。2006年にファイナンシャル・プランナーとして独立し、Ｋ＆ＦＰオフィスを開設。

企業の新入社員研修や労働組合向けに、また大学、自治体において、ライフプランやキャリア、資産運用などのセミナーを行う。実施企業は、日立製作所、マツダ、富士通、朝日新聞、明治乳業、東京ガス、三井住友海上、九州電力など多数。

日経ＢＰサイトやヤフー等でマネーコラムも執筆。2014年に実体験を元にした初著書『わたしと夫の失業日記──失業夫を立て直す妻の最愛＆最強マネジメント』(同友館)を出版。夫と子ども２人の４人家族。お城と歴史と抹茶が好き。

＊Ｋ＆ＦＰオフィス ホームページ　http://www.kk-fp.com/

女性が35歳までに決めたいお金からみた人生の選択
成功するライフプランのつくり方

発行日	2016年2月12日　第1刷発行
著者	神田理絵
発行者	古屋信吾
発行所	株式会社 さくら舎　http://www.sakurasha.com
	〒102-0071
	東京都千代田区富士見1-2-11
	電話（営業）03-5211-6533
	（編集）03-5211-6480
	FAX　03-5211-6481
	振替　00190-8-402060
装丁	アルビレオ
イラスト	関祐子
本文組版	朝日メディアインターナショナル株式会社
印刷・製本	中央精版印刷株式会社

ISBN 978-4-86581-041-7
Ⓒ 2016 Rie Kanda Printed in Japan

本書の全部または一部の複写・複製・転訳載および磁気または光記録媒体への入力等を禁じます。これらの許諾については小社までご照会ください。
落丁本・乱丁本は購入書店名を明記のうえ、小社にお送りください。
送料は小社負担にてお取り替えいたします。
定価はカバーに表示してあります。

さくら舎の好評既刊

水島広子

プレッシャーに負けない方法
「できるだけ完璧主義」のすすめ

常に完璧にやろうとして、プレッシャーで不安と消耗にさいなまれる人へ！　他人にイライラ、自分にムカムカが消え心豊かに生きるために。

1400円（＋税）

定価は変更することがあります。